DENISE BRAHIMI

Maître de conférences à l'université Paris-VII Denis Diderot

CINÉMAS D'AFRIQUE FRANCOPHONE ET DU MAGHREB

ouvrage publié sous la direction de

Francis Vanoye

NATHAN

Illustration de couverture : *Halfaouine* de Férid Boughedir (à g.), *Yaaba* de Idrissa Ouedraogo (à dr.). © coll. Christophe L.
Conception de couverture : Noémi Adda
Conception graphique intérieure : Agence Media

© Éditions Nathan, Paris, 1997.
ISBN 2-09-190363-9

SOMMAIRE

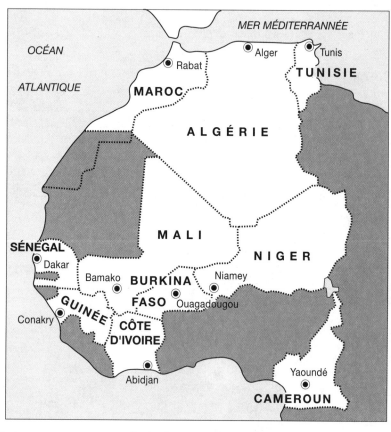

Carte des pays concernés

Bandiagara 1908, première projection de film par un Européen :
« L'attraction qu'on nous propose ne peut être qu'une séduction
satanique ; si elle n'en était pas une, on n'aurait pas choisi
la nuit noire pour la présenter. »
Propos des marabouts, rapportés par l'écrivain Amadou Hampâté Bâ.

INTRODUCTION

1. GÉOGRAPHIE

Le titre de ce livre pourrait paraître redondant puisque les trois pays du Maghreb dont il sera question, l'Algérie, la Tunisie et le Maroc, se trouvent sur le continent africain. Il aurait sans doute été plus conforme à l'usage actuel de parler de l'Afrique au nord et au sud du Sahara ; mais il se trouve qu'en matière de cinéma, chacun des pays présenté a son individualité, plus intéressante que l'appartenance à un seul continent considéré du point de vue géographique. D'autre part, il ne sera pas question ici de *tous* les pays africains qui se trouvent soit au nord soit au sud du Sahara, mais seulement de ceux qui entrent dans un même ensemble défini par plusieurs critères, historiques et linguistiques, qui assurent des points communs à leur production cinématographique.

Les pays concernés sont ceux que l'on continue à considérer comme francophones, non parce que le français y est la langue parlée exclusivement ni même majoritairement, mais parce qu'il continue à être utilisé comme langue écrite et comme langue de culture. Concrètement, les pays dits francophones sont ceux dont l'orientation culturelle, comportant plusieurs sortes d'échanges, se fait beaucoup plus en direction de la France qu'en direction des pays anglophones.

2. HISTOIRE

Cette orientation est le résultat d'une histoire, celle de la colonisation française, même si le développement des cinémas nationaux commence justement au moment où la colonisation finit. Pour ce qui concerne les trois pays
du Maghreb, leur présence dans cet ensemble est tout à fait claire. Considé-
rant les pays d'Afrique subsaharienne, il s'agit de ceux qui se trouvent dans
les zones francophones nord et ouest de l'OUA (soit l'Organisation de
l'unité africaine), pays dont s'occupe, en France, un organisme créé en
1970, l'ACCT ou Agence de coopération culturelle et technique. Bien qu'il
soit toujours risqué d'établir une liste, étant entendu que celle-ci ne cherche
pas à être exhaustive, on dira qu'il s'agit pour l'essentiel du Sénégal, du
Mali, de la Côte d'Ivoire, de la Guinée, du Burkina Faso, du Niger et du
Cameroun. Ce qui peut se dire encore sous la forme négative, à savoir
qu'en dépit de leur intérêt, on ne parlera pas ici des cinémas du Nigeria, du
Ghana, du Zimbabwe ou de l'Afrique du Sud.

3. IDÉOLOGIE

L'histoire du cinéma, dans les pays d'Afrique dits francophones, a partout
la même caractéristique : elle commence à partir des indépendances,
conquises ou octroyées au tout début des années 1960, un peu plus tôt
parfois. Mais il est évident que ce point de départ n'est pas seulement une
date historique, il faut l'entendre aussi comme une source d'inspiration. Les
cinémas abordés ici sont des cinémas nationaux au sens où ils sont liés à la
volonté d'affirmer l'existence de pays devenus politiquement indépendants
sous la forme d'États-nations. Contrairement à ce qu'on pourrait croire, le
cinéma n'y a pas été ressenti comme un luxe qu'on se devait de remettre à
plus tard pour satisfaire d'abord à des besoins plus urgents.

L'exemple de l'Algérie est à cet égard le plus frappant. C'est pendant la
guerre de libération (1954-1962) que les premiers films algériens ont été
tournés, dans des équipes où se retrouvaient des réalisateurs français et
algériens. En 1960-1961 sort le film *Djazaïrouna* (*Notre Algérie*) tourné par

Pierre Chaulet, Djamel Chanderli et Mohammed Lakhdar-Hamina, et, en 1961, ces deux derniers réalisent *Yasmina* et *Les Fusils de la liberté*. Il s'agissait alors de faire connaître l'existence et les conditions d'un combat occulté ou invalidé par la puissance coloniale.

Du côté de l'Afrique subsaharienne, dans des conditions apparemment moins dramatiques – mais ce n'est peut-être qu'une apparence – le cinéma de l'indépendance prend lui aussi sa source dans les tensions violentes qui marquent la fin de la période coloniale. On considère en effet que le cinéma africain est né en 1955 avec le film *Afrique-sur-Seine*, qui fut tourné entièrement à Paris, faute d'avoir obtenu l'autorisation de tournage en Afrique. Ce film est l'œuvre d'un collectif de cinéastes dirigé par celui qui fut l'un des pionniers du cinéma africain, le Sénégalais Paulin Soumanou Vieyra. Bien qu'il ait plus de quarante ans aujourd'hui, ce film n'a rien perdu de son actualité. Ce qui donne l'occasion de souligner que la principale caractéristique des cinémas d'Afrique est justement la permanence des thèmes qu'ils développent et des problèmes qu'ils dénoncent. Et ce depuis une trentaine d'années, puisqu'en dehors de quelques œuvres pionnières, c'est vers 1965 que ces cinémas amorcent leur développement. Le premier film de Sembène Ousmane, pour le Sénégal, est *Borom Sarret*, qui date de 1963, tandis que *Le Vent des Aurès,* de l'Algérien Mohammed Lakhdar-Hamina, est de 1967. Mais il faut encore attendre une dizaine d'années pour que Lakhdar-Hamina obtienne la Palme d'or au Festival de Cannes avec sa *Chronique des années de braise* (1975), qu'on peut considérer comme une volonté de remonter dans le temps en deçà du film précédent.

L'un des versants du nationalisme consiste à dénoncer ce qui est l'ennemi principal du développement de l'État-nation, c'est-à-dire le néo-colonialisme. C'est à cette dénonciation que s'emploient les premiers films du Mauritanien Med Hondo et du Sénégalais Sembène Ousmane, ouvrant la voie à un filon qui n'a sans doute aucune raison d'être considéré comme tari. On pense à un film récent du Camerounais Jean-Marie Teno, dont le titre est tout un programme : *Afrique, je te plumerai* (1992).

Le versant positif du nationalisme consiste en une volonté de s'affirmer contre toutes les images mensongères et les clichés qui ont été notamment le fait du cinéma colonial. Affirmer son identité, tel a été le grand mot d'ordre, dont on peut dire qu'il correspond au désir le plus fréquemment exprimé par les créateurs des pays d'Afrique pendant une vingtaine d'années. Un des aspects de la crise qui sévit depuis le début des années 1990 consiste sans doute dans le fait que les politiques identitaires ont révélé leurs dangers, notamment l'intégrisme. Reste que ce désir de se trouver ou de se retrouver a été un moteur extrêmement puissant, une sorte de credo qui a stimulé les individus et amené la mise en place d'institutions efficaces, dont on ne citera pour le moment comme exemple que la FEPACI, ou Fédération panafricaine des cinéastes, créée en 1970.

La FEPACI ayant publié en 1995 un livre intitulé *L'Afrique et le centenaire du cinéma*, nous y puisons une formule de l'écrivain et cinéaste zaïrois Balufu Bakupa-Kanyinda, qui résume tout ce que l'on peut dire sur cette source originelle où les cinémas d'Afrique veulent trouver leur inspiration :

> Le cinéma, moyen d'expression artistique et technique, est une vision imagée, subjective, objective, poétique ou codifiée des choses et des êtres. Il révèle le regard qu'une personne pose sur le monde. Autrefois, il fut l'un des moyens les plus importants que certains systèmes politiques utilisèrent pour abrutir les masses, les conformer, et imposer leur domination ainsi que leur image magnifiée aux colonisés. En ce sens, la naissance de la filmographie africaine, tel un pari libérateur, relève d'une *exception historique*.
> Avant que les Africains ne réalisent leurs premiers films – pour « promener le miroir devant leur peuple » (Sembène Ousmane) –, le pouvoir de filmer était exclusivement réservé (en Afrique coloniale) aux Européens.
> Les cinématographies d'Afrique sont nées, en majorité, peu après les indépendances. Leur émergence coïncide avec les engagements nationalistes et le projet panafricain des années 1960-1970. Le désir de filmer, justifié dès le début par la conviction d'affirmer une identité longtemps bafouée, confirme cette exception historique.

Pour le Maghreb, on a déjà évoqué la date de 1967, qui voit la sortie des premiers longs métrages tant en Algérie qu'en Tunisie et au Maroc. Vingt ans plus tard, le cinéaste tunisien Férid Boughedir (devenu célèbre depuis la sortie de son film *Halfaouine ou L'Enfant des terrasses*, en 1990) fait une remarque intéressante sur la signification historique qu'on peut attribuer à cette date. C'est en effet en 1967 que se situe la guerre des Six-Jours qui a été ressentie comme une défaite cruelle et humiliante dans tout le monde arabe – et peut-être même plus largement dans toute une partie de ce qu'on appelait encore à cette époque le tiers-monde. Dans sa préface au numéro de la revue *CinémAction* sur « Les cinémas arabes » (1987), Férid Boughedir rappelle que les intellectuels arabes ont parlé à ce sujet d'« une "bienheureuse défaite" tant elle avait permis de secouer les pesanteurs politiques et favorisé un bouillonnement d'idées nouvelles ».

4. PÉRIODISATION

L'année 1967 serait le moment où prend fin ce qu'on pourrait appeler la période des indépendances ; pendant cette période, le sentiment dominant est la satisfaction d'avoir fait aboutir un dur combat, et le discours dominant, non problématique, non critique, s'en tient à une auto-justification.

À partir de 1967 commence une autre phase, celle du « désenchantement national », pour reprendre la formule d'une essayiste tunisienne, Hélé Béji. Il n'y a guère que l'Algérie qui continue à développer les thèmes précédents, pendant près de dix ans encore, jusqu'à ce que le célèbre *Omar Gatlato* (1977) de Merzak Allouache permette au public d'exprimer, par son accueil enthousiaste, le besoin qu'il éprouvait d'un renouvellement.

Partout ailleurs, l'essentiel de la production cinématographique, jusqu'aux années 1980, se consacre à dénoncer aussi bien les relations inégales avec les grandes puissances néo-colonialistes que les défaillances et les prévarications des nouveaux États nationaux. C'est dans cette double dénonciation que puisent leurs forces de grands cinéastes comme le Tunisien Ridha Behi (*Soleil des hyènes*, 1976) ou le Marocain Souhel Ben Barka (*Les Mille et Une Mains*, 1972). Les plus grands noms de cette période appartiennent cependant à l'Afrique subsaharienne, puisque c'est l'époque où l'écrivain sénégalais Sembène Ousmane, ayant constaté que ses livres ne parvenaient pas à la connaissance du peuple pour lequel il les avait écrits, décide de se convertir au cinéma. Il reprend donc ses œuvres majeures pour en faire de grands films audacieux et virulents, tels que *Xala* (1974) et *Ceddo* (1976). La même volonté de dénonciation généreuse, ironique et forte se trouve chez le Mauritanien Med Hondo, qui se fait connaître en 1970 par son film *Soleil O* et qui ne cesse pas depuis lors de mener un combat difficile contre des pouvoirs bien décidés à étouffer son expression.

À partir des années 1980, même si l'on retrouve les grands noms de la période précédente, celui de Mohammed Lakhdar-Hamina pour *Vent de sable* en 1982, celui de Sembène Ousmane pour *Camp de Thiaroye* en 1988, ou celui de Med Hondo pour *Sarraounia* en 1986, on assiste à la fois à une diversification des sujets abordés par les films et à la création de ce qu'on pourrait appeler de véritables « écoles » nationales, même s'il n'y a pas à proprement parler un enseignement ou une doctrine qui les soutiennent.

Parmi les thèmes qui seront désormais développés dans de très nombreux films, on trouve celui de la condition féminine, problématique au nord comme au sud du Sahara bien que pour des raisons différentes. Au nord du Sahara, c'est souvent à propos du mariage que cette condition est représentée, d'autant que la manière dont on se marie au Maghreb est finalement tout aussi dommageable pour les hommes que pour les femmes. On verra le mariage tel qu'il s'accomplit et se vit dans *Une femme pour mon fils* d'Ali Ghanem (1982) ou dans le terrible film de Mohamed Chouikh, *La Citadelle* (1988), un des sommets de ce tragique insoutenable. Mais on verra aussi le mariage tel qu'il s'évite ou se fuit, par exemple dans *Houria* de Sid Ali Mazif (1987). Au sud du Sahara, les femmes ont à souffrir de plusieurs autres manières, y compris dans leur chair, là où est encore pratiquée l'excision. C'est par exemple ce que nous montre le film *Finzan* (1989) du Malien Cheikh Oumar Sissoko. La représentation du corps féminin, de la sensualité féminine, est cependant beaucoup plus libre au sud qu'au nord du Sahara, comme le prouve le beau film de l'Ivoirien Désiré Écaré *Visages de femmes* (1985).

Cependant, les « écoles » de cinéma qui se sont imposées depuis une bonne dizaine d'années ont modelé une image dominante de l'Afrique et du Maghreb (image provisoire peut-être, que d'autres sans doute viendront renouveler ou changer). Pour l'Afrique subsaharienne, cette image nous vient de l'école du Burkina Faso, à l'origine de laquelle on trouve le grand nom de Gaston J.M. Kaboré, bientôt suivi par celui d'Idrissa Ouedraogo. Dans *Wend Kuuni (le don de Dieu)*, (1982) et dans *Yaaba* (1989) qui sont leurs œuvres les plus connues, il est question d'une Afrique rurale, légèrement archaïque et sans aucun doute idéalisée, ce qui n'empêche pas que s'y trouvent abordés des problèmes essentiels pour le fonctionnement de la société africaine actuelle. Cependant, des difficultés surgissent, qui demandent réflexion, lorsqu'un cinéaste aussi averti qu'Idrissa Ouedraogo annonce que la seule issue pour le cinéma africain consiste à viser une audience internationale en universalisant son propos. Comment ce projet est-il conciliable avec le maintien évidemment indispensable d'une spécificité ?

L'école du Burkina a été très soutenue dans son essor par la création d'institutions telles que la FEPACI déjà nommée et le FESPACO (Festival panafricain du cinéma de Ouagadougou). Il semblerait que cette ville cherche à confirmer sa vocation de centre panafricain du cinéma par la création d'autres institutions, cinémathèque, archives, etc., dont on ne saurait dire si elles suffiront à pallier la crise actuelle du cinéma africain.

L'autre « école » qui continue à donner des preuves de sa vitalité est l'école tunisienne : depuis le début des années 1980, elle ne cesse de produire des films d'un intérêt évident. Non sans que les réalisateurs aient parfois maille à partir avec la censure, comme ce fut notamment le cas de Nouri Bouzid pour *L'Homme de cendres* (1986) et pour *Les Sabots en or* (1988). L'évocation de ces deux films permet d'ailleurs de définir les deux domaines dans lesquels le cinéma tunisien tente de porter ses investigations, tandis que les représentants de l'idéologie officielle, politique et religieuse, s'efforcent de limiter ces audaces, voire de les réprimer. Avec *L'Homme de cendres*, il s'agit du domaine des mœurs et de la sexualité, avec *Les Sabots en or*, il s'agit du domaine politique et de la liberté d'opinion. Cependant, Férid Boughedir, qui est des mieux placés pour en juger, considère que la censure subie par les cinémas africains n'est finalement pas aussi contraignante qu'on pourrait le craindre – peut-être parce que les gouvernements ne prennent pas leur cinéma suffisamment au sérieux pour sévir gravement – ou peut-être parce que l'autocensure, de toute façon, précède la censure et fait elle-même un travail d'autant plus dommageable qu'il est difficile d'en mesurer les effets avec précision.

Il est évident que le problème principal qui se pose aux cinéastes est d'atteindre un public, tant dans les frontières de leur pays que hors frontières. Atteindre cette deuxième catégorie est indispensable dans la mesure où le public national ne peut à lui seul assurer des rentrées financières suffisantes. Mais on peut se demander si les données actuelles du marché international laissent quelque espoir aux cinémas africains d'y trouver une place, si minime soit-elle. On comprend pourquoi le mot « crise » s'impose inévitablement et plus sûrement que ceux de « perspectives d'avenir ».

Reste que la connaissance des cinémas maghrébins et africains est aujourd'hui indispensable à la compréhension des cultures dont ils émanent, et l'on donnera ici au mot « culture » le sens d'un état présent des civilisations qui ne peut s'expliquer sans la prise en compte de leur passé. C'est pourquoi les films qui paraissent s'inscrire dans les mythologies les plus archaïques – et l'on pense à *Yeelen* (1987) du Malien Souleymane Cissé – sont aussi les plus indispensables à la création d'une « image de soi » dont on a vu à quel point elle était le projet primordial de ces cinémas, alors même que le sens d'une œuvre comme *Yeelen* est justement de dire la nécessité du changement.

En matière de cinéma, il est encore plus absurde qu'ailleurs de prétendre distinguer le sociologique de l'esthétique, comme il a été fait souvent pour mieux porter condamnation sur le premier au profit du second. Ce sont en général les mêmes films qui ont l'apport le plus riche dans les deux catégories ; on en prendra pour preuve *Touki Bouki* (1973), le film du Sénégalais Djibril Diop-Mambéty, qui est aussi riche d'inventions formelles, d'images et de métaphores, qu'indispensable pour comprendre l'état d'esprit, illusions et désillusions, des jeunes Sénégalais au début des années 1970. Autre preuve en domaine maghrébin : que l'on songe aux *Baliseurs du désert* (1985) du Tunisien Nacer Khemir ; on sera évidemment frappé par la recherche et la réussite esthétiques du film, mais on y reconnaîtra en même temps l'analyse judicieuse et souvent reprise depuis lors du mythe andalou comme élément indispensable à la survie des élites maghrébines dans leurs pays aussi humiliants qu'humiliés. Dans un cas comme dans l'autre et dans tous les cas, il serait absurde de scinder notre regard et de dissocier notre réflexion sur ces deux aspects.

Pour revenir au point de départ historique de cette introduction, c'est-à-dire à ce moment des années 1960 où les cinéastes du Maghreb et d'Afrique ont pris conscience de l'enjeu que leur travail représentait, on citera ici les excellentes paroles du cinéaste burkinabé Gaston J.M. Kaboré à l'occasion du centenaire du cinéma :

> Une société quotidiennement et quasi exclusivement submergée par des images absolument étrangères à sa mémoire collective, à son imaginaire, à ses références et à ses valeurs sociales et culturelles perd peu à peu ses repères spécifiques et son identité ; du même fait, elle perd son aptitude fondamentale à imaginer, à désirer, à penser et à forger son propre destin.

Produire soi-même majoritairement les images que l'on consomme n'est donc pas un luxe, ni pour un individu, ni pour une société, un peuple, un pays ou un continent. Si l'Afrique, ce continent de 850 millions de femmes et d'hommes, se démettait de sa responsabilité de devenir productrice d'images, elle renoncerait du même coup à celle de décider et de conduire son propre développement. L'image de soi joue une fonction proprement vitale.

1

DONNÉES INITIALES

Après les indépendances, les cinémas d'Afrique donnent le sentiment de chercher leur voie, sans origine et sans passé. Et cela surtout pour des raisons idéologiques, car ils auraient pu s'appuyer sur des modèles proches et des antécédents. Il est évident que le cinéma était connu et pratiqué dans les pays concernés bien avant les années 1960. Mais après la création des États-nations, on veut faire un cinéma national, qui s'inscrit en faux contre ce qui existait auparavant. La rupture politique ne prend tout son sens que si elle s'accompagne d'une rupture culturelle tout aussi radicale.

1. CINÉMA COLONIAL

Les études d'imagologie montrent comment le cinéma colonial a donné une certaine idée des pays d'Afrique blanche et noire. À dire vrai, cette idée est plutôt implicite et marginale, car la caractéristique du cinéma colonial a toujours été d'utiliser l'Afrique et les Africains comme décor, soit pour des fictions tout à fait irréalistes, comme *L'Atlantide* de Jacques Feyder (1921), soit pour des drames dont les héros sont des Européens, comme dans *La Bandera* et *Pépé le Moko* de Julien Duvivier (1935 et 1937).

Pour ce qui concerne l'absence, sinon l'exclusion, de ceux qu'on appelait alors les indigènes, on cite comme exemplaire le film de Christian Jaque, *Un de la légion* (1936) qui remplit le tour de force de ne pas montrer un seul combattant musulman, pas même une silhouette, de sorte que la présence des « ennemis » ne se manifeste visuellement que par les images qui montrent les canons de leurs fusils ! On voit mal dans ces conditions comment le cinéma colonial aurait pu servir de source aux cinémas nationaux, même en inversant sa signification idéologique, par la métamorphose des bons en méchants et vice versa.

Plus profondément et même dans ses meilleurs aspects, c'est-à-dire les moins évidemment idéologiques, le cinéma colonial, qu'on le baptise folklorique ou ethnographique, a pour effet de transformer les indigènes en objets vus du dehors, et représentés pour leur bizarrerie ou leur étrangeté. Il s'agit de poser sous les yeux d'un public européen campant sur ses positions de civilisé des images étonnantes d'archaïsme ou de barbarie. Cette « réification » de l'indigène se perçoit dès les titres de films tels que *L'Homme du Niger* de Jacques de Baroncelli (1939) ou *Kaïma danseuse ouled naïl* de Marc de Gastine (1953).

Il s'agit donc, pour les nouveaux cinémas d'Afrique, de faire en sorte que Maghrébins et Africains y figurent comme des sujets à part entière – tandis que continue ailleurs, et jusqu'en cette extrême fin du XXe siècle, une production cinématographique d'origine occidentale qui joue sur l'exotisme et sur la différence entre sauvages et civilisés : *Out of Africa* (1986) de Sydney Pollack, *Gorilles dans la brume* (1988) de Michael Apted, etc.

De manière prévisible, il se produit d'ailleurs une évolution dans ce rapport entre cinéma colonial et cinémas nationaux. Dans les années 1960-1970, la volonté de dénoncer le premier est encore très forte chez les seconds. Puis elle s'estompe pour faire place à la représentation des nouvelles sociétés telles qu'en elles-mêmes. Et c'est seulement à une date récente qu'on voit réapparaître, avec une mise à distance historique et à l'usage des jeunes générations, l'utilisation d'images empruntées à l'époque coloniale, souvent devenues des documents d'archives à redécouvrir et à remonter. Cependant, on n'a pas encore pour l'Afrique blanche ou noire l'équivalent du travail que vient de faire le Néerlandais Vincent Monnikendam pour l'Indonésie dans son film *Chronique coloniale, Mother Dao* à partir de quelque deux cents films d'archives datant de 1913 à 1933.

2. CINÉMA ÉGYPTIEN

Les cinémas nationaux auraient pu s'inspirer d'autres modèles, plus proches d'eux culturellement et idéologiquement. Pour les trois pays du Maghreb, on pense à cette référence éminemment populaire et omniprésente que représente le cinéma égyptien, celui de réalisateurs comme Henry Barakat ou Salah Abou-Seif, si fort en vogue dans tout le monde arabe depuis le début des années 1940. Cependant, dans sa production courante et surabondante, le cinéma égyptien est majoritairement un cinéma de divertissement, mêlant le mélodrame sentimental à la comédie musicale, selon une formule éprouvée qui a donné lieu au surnom de « Hollywood-sur-le Nil » pour les studios du Caire. Cette image (qu'on peut d'ailleurs contester ou nuancer par une analyse plus précise de ce que ces films ont représenté) explique que ce cinéma n'ait pu constituer un modèle utilisable pour les nouveaux cinémas d'Afrique préoccupés par l'urgence de problèmes plus sérieux, et s'inspirant souvent d'une conception marxiste ou marxisante selon laquelle la création culturelle doit servir les luttes du peuple. Les nouveaux marabouts ne sont pas si différents de ceux dont l'exergue de ce livre rapporte les propos selon le témoignage de l'écrivain malien Amadou Hampâté Bâ !

Cependant, parmi les cinéastes égyptiens, il en est un qui, dès la période de la guerre d'Algérie, manifeste sa sympathie pour les préoccupations de ses frères arabes. Il s'agit de Youssef Chahine, originaire d'Alexandrie, formé par Hollywood, et qui, dans sa production des années 1950, s'était montré conforme au goût et au style alors dominants dans le cinéma égyptien : drames sentimentaux, situations mélodramatiques, et surtout utilisation du grand chanteur égyptien de l'époque, Farid El Attrache (*J'ai quitté ton amour*, 1956 ; *Tu es mon chéri*, 1957).

C'est en 1958 que Youssef Chahine amorce un tournant remarquable en proposant, avec *Gare centrale,* un drame social d'une tonalité tout à fait différente de celle des films précédents. Confirmant son passage (ni exclusif, ni définitif) au cinéma « sérieux », il réalise, en 1959, *Djamila l'Algérienne*, un drame politique consacré à la guerre d'Algérie, ou plus exactement à l'histoire individuelle d'une héroïne de cette guerre, Djamila Bouhired, torturée à mort par les militaires français. Bien que ce film ne soit pas tout à fait conçu dans l'esprit des Algériens, qui voient dans la guerre le drame collectif de tout un peuple, la collaboration va se poursuivre, renforcée par les préoccupations sociales dont le cinéaste fait montre dans le très beau film qu'il réalise en 1969, *La Terre*, drame paysan tiré d'un roman célèbre d'Abderrahmane Cherkaoui. En 1972, il réalise *Le Moineau*, film politique audacieux (qui sera interdit jusqu'en 1975), mais c'est une coproduction égypto-algérienne distribuée à la fois par l'Office égyptien du film au Caire et par l'ONCIC (Office national pour le commerce et l'industrie cinématographiques) d'Alger. Le propos du film est à la fois de se demander ce que faisaient les Égyptiens en 1967, après leur défaite dans la guerre des Six-Jours, et de montrer une profonde solidarité arabe, du moins entre l'Égypte vaincue et les pays du Maghreb qui ont eu le sentiment de l'être également.

Cependant, s'il fallait préciser l'influence de Youssef Chahine sur les cinémas du Maghreb, ce n'est peut-être pas dans la représentation des problèmes politiques et sociaux qu'on la verrait le plus clairement, mais plutôt dans celle des problèmes individuels, fantasmes et frustrations qui obsèdent l'individu arabe, homme ou femme également. À cet égard, le cinéma tunisien de Férid Boughedir et de Nouri Bouzid (voir chapitre 7) a sûrement une dette envers Youssef Chahine.

3. CINÉMA ETHNOGRAPHIQUE

Jean Rouch est le maître que se reconnaissent plusieurs pionniers parmi les cinéastes africains, en même temps qu'il fut pour eux un ami et un frère. Pourtant, son point de départ est dans le cinéma ethnographique, un genre que l'on sait peu apprécié des ex-colonisés. Mais comme l'a dit Sembène Ousmane à propos de *Moi, un Noir* (1958), ce qui caractérise précisément le cinéma de Jean Rouch, c'est que ses films pourraient être faits par des Africains. Il faut prendre à la lettre le titre de ce film – de la même façon qu'il faut en croire Gustave Flaubert lorsqu'il dit : « Madame Bovary, c'est moi. » Il ne s'agit évidemment pas d'œuvres plus ou moins autobiographiques – et en ce sens les deux formules se veulent aussi provocantes que paradoxales – mais plutôt de signifier une sorte d'absorption totale de l'auteur dans son personnage, sans distanciation, ou plutôt avec objectivité mais sans objectivation. L'objectivité dont il s'agit dans ce cas est celle d'un sujet à l'égard de lui-même, lorsqu'il adhère à la formule de Rimbaud : « Je est un autre. » Précisons encore, pour éviter toute équivoque, que dans *Moi, un Noir*, le personnage qui dit « je » n'est pas Jean Rouch mais son fidèle compagnon et interprète Oumarou Ganda, originaire de Niamey (et mort prématurément en 1981).

Avant cette disparition totale du réalisateur derrière son personnage africain, Jean Rouch avait créé en 1956 un grand émoi par son film non moins célèbre, *Les Maîtres fous*. Le réalisateur, qui s'était déjà exercé auparavant à filmer des scènes de possession, le fait ici d'une manière extrêmement originale. Au lieu que la transe délirante qui s'empare des « maîtres fous » les éloigne à l'extrême de l'observateur, supposé bardé de rationalité occidentale, elle renvoie à cet observateur une certaine image de lui-même parfaitement reconnaissable, et de ce fait extrêmement gênante. On mesure à quel point les films de Jean Rouch diffèrent du cinéma ethnographique qu'on pourrait dire « normal », quand on sait que Marcel Griaule, l'un de ses meilleurs représentants, n'appréciait pas beaucoup *Les Maîtres fous* : d'après ce que dit Jean Rouch, Griaule jugeait que les modèles français imités par les Africains en transe étaient trop reconnaissables... mais dans ce cas, que veut dire le « trop », sinon trop pour ne pas gêner ceux qui risquent de se reconnaître ?

Pour rendre hommage à cette africanité que Jean Rouch avait su s'inventer, on lui a donné le surnom de « griot gaulois ». C'est aussi pour souligner la souplesse et la légèreté des moyens techniques mis en œuvre par son cinéma. Jean Rouch lui-même a beaucoup raconté comment il a tourné « cinquante-quatre ans sans trépied et avec quelle sorte de caméra primitive, dont la lenteur lui laissait, dit-il, le temps de la réflexion entre chaque prise de vue ».

Cependant la position de Jean Rouch est tout à fait particulière, et il n'a guère réalisé qu'un film de fiction, *Jaguar*, un long métrage tourné en 1954-1955. En dépit de ses liens très intimes avec les cinéastes africains, Jean Rouch ne pouvait que les accompagner de sa sympathie amicale dans leurs entreprises. C'est une figure tutélaire, dont le rôle essentiel aura été de donner aux Africains le droit d'être eux-mêmes et le goût des images vraies.

4. L'ALGÉRIE ET LE FILM DE GUERRE

La guerre d'Algérie ne pouvait manquer d'inspirer le cinéma, par son climat de tension dramatique et par les faits de guerre qui opposent les combattants algériens ou fellaghas à l'armée française. D'ailleurs la guerre s'est déroulée dans des lieux extrêmement cinématographiques, si l'on peut dire. Dans la ville même d'Alger, il s'agit de la casbah, qui semble prédestinée à servir comme décor de films, depuis *Pépé le Moko* de Julien Duvivier en 1937, et qui retrouve une très grande présence visuelle dans le film intitulé *La Bataille d'Alger* de Gillo Pontecorvo en 1966. À cette date, il était sans doute difficile que le film reçoive un prix en France ; mais sa qualité fut reconnue au Festival de Venise par le Lion d'or. En dehors d'Alger, il s'agit de la montagne – le djebel – en Kabylie ou dans les régions semi-désertiques de l'Aurès. De sorte que, malgré le peu de goût de ce cinéma pour l'exotisme, les décors sont ce qu'ils sont, c'est-à-dire visuellement remarquables.

Le film de guerre s'est développé très tôt en Algérie, pendant la guerre elle-même, parce que les militants de l'indépendance (et il y avait parmi eux des Français comme René Vautier) voulaient faire connaître certains aspects d'une guerre que les pouvoirs officiels cachaient aux Français. D'où les films déjà cités tels que *Djazaïrouna*, *Yasmina* et *Les Fusils de la liberté*. C'est l'un des domaines, le seul semble-t-il, où il y aura continuité entre la guerre et les années d'après guerre, jusqu'à la fin des années 1970.

La production de films de guerre ou sur la guerre est abondante : une cinquantaine environ. Elle est d'ailleurs prise en charge de manière officielle et au niveau gouvernemental à partir du moment où se crée à Alger, en 1969, l'ONCIC, organisme officiel dont l'existence signifie la nationalisation complète de la production cinématogaphique. Il semble que cette date et cette création correspondent à un changement important au sein de cette même veine de production. Pendant les années qui suivent la guerre, les films sont encore puissamment inspirés par l'indignation ou l'horreur, et il s'en dégage un sentiment bouleversant d'authenticité. C'est le cas du film de Ahmed Rachedi et de Mouloud Mammeri, *L'Aube des damnés*, en 1965. Mais lorsque le même Rachedi réalise, en 1969, *L'Opium et le Bâton*, d'après le roman éponyme de Mouloud Mammeri, le film est dominé par un système de représentations déjà codé où les clichés abondent, ce qui est dans ce cas d'autant plus remarquable que la vision officielle donnée par le film trahit en plusieurs points les audaces et la lucidité dont le roman de Mammeri faisait preuve.

Dans la mesure où le cinéma algérien a beaucoup souffert de cette soumission à un moule officiellement agréé, il vaut la peine de préciser quelques-uns des points sur lesquels portent la réduction, le gommage ou l'occultation de ce que disait le roman. Rachedi a supprimé purement et simplement quelques aspects du livre pour en développer davantage quelques autres. Le film ne traite ni de l'engagement de l'intellectuel algérien dans la guerre, ni d'aucune forme de désir, de frustration ou même de sentiment amoureux. Pour le premier point, il lui aurait fallu évoquer des affres, des contradictions, et une lucidité proche du désespoir. Pour le second, il aurait dû montrer comment l'amour d'une femme se déplace du mort au vivant, du mari à l'amant, même si le premier est un héros.

En dehors de ces suppressions pures et simples, Rachedi a porté sur certaines scènes un éclairage différent qui en change le sens. Le roman de Mammeri montre que, dans le village de Tala où se situe l'action, la guerre d'Algérie n'est que le point final d'une dégradation ou dégénérescence commencée antérieurement. Il y a dans ce village des hommes qui se sont mis au service des militaires français de la SAS (section administrative spécialisée), en échange d'avantages matériels et surtout d'un pouvoir à exercer sur les villageois. Leur attitude crée un clivage mortel qui brise le village en son sein, alors qu'à en croire le film, il ne s'agirait que de la vieille partition universelle du monde entre les méchants et les bons. L'un des « méchants » étant le frère du héros maquisard qui se bat pour l'indépendance, le réalisateur invente une scène qui permet finalement au frère-méchant de se racheter. La scène est d'ailleurs si invraisemblable qu'elle n'a manifestement qu'un seul but : faire plaisir au public et lui offrir in extremis un épisode vraiment gratifiant.

Ce but fait du film un arrangement décevant, comme on peut le voir encore dans le traitement d'un autre épisode. Il s'agit d'un fait authentique, raconté par Noël Favrelière dans son récit autobiographique intitulé *Le Désert à l'aube*. Ce soldat français, ne supportant plus le rôle que la guerre l'oblige à jouer, libère un jour un prisonnier algérien qu'il avait la charge de garder et s'enfuit avec lui. Rachedi donne de l'événement une version optimiste et non problématique : il y a eu fraternisation pour la bonne cause, et les bons se retrouvent entre eux du même côté. Or, ce même épisode, évidemment digne d'intérêt, est aussi raconté dans un film de René Vautier, *Avoir vingt ans dans les Aurès*, qui en donne au contraire une version très pessimiste : le caporal Noël est tué accidentellement par un jeune nomade, tant il est vrai que la guerre est un engrenage horrible et stupide, qui veut que la mort entraîne la mort. Le film de Rachedi, lui, n'a aucune fonction critique, il se contente de reconstituer des scènes de bataille ou « opérations », comme on disait à l'époque, de manière purement descriptive.

Le réalisateur Rachedi n'est pas à mettre en cause personnellement. D'une manière générale, il est bien certain que la production des films de guerre, devenue un genre officiel, a été assez vite marquée par un académisme pesant. Les cinéastes qui ont essayé d'échapper à cette représentation issue de l'idéologie dominante n'ont pas manqué d'avoir des ennuis avec la censure comme Farouk Beloufa et Yazid Khodja pour leur réalisation intitulée *La Guerre de libération* (1973). On est donc tenté de se ranger au jugement sévère porté par un journaliste algérien Abdou B. sur la plus grande part de cette production :

> On y voit une armée française caricaturée, des responsables militaires français stupides, débiles, représentés de telle sorte que le spectateur était en droit de se demander comment la guerre avait duré plus de quinze jours [...]. Les forces en présence sont décrites avec un manichéisme désarmant de naïveté, le peuple algérien devenant une entité mythique, un bloc sans âme, alors que les forces sociales qui ont participé à la guerre n'avaient pas toutes la même vision de l'Algérie indépendante et que des contradictions se manifestaient déjà à l'intérieur des instances du FLN, au maquis ou à l'étranger.

La guerre a été pour le cinéma algérien une source d'inspiration équivoque. Elle a suscité à la fois un besoin et un désir d'expression que le cinéma était parfaitement apte à satisfaire. Mais elle a aussi enfermé le cinéma dans un type de travail académique, résolument non critique, et manifestement retardataire par rapport aux autres films qui tentaient au même moment d'aborder d'autres sujets. Les rares films originaux qu'on puisse rattacher à cette thématique s'y inscrivent marginalement, comme c'est le cas pour *La Nouba des femmes du mont Chenoua* (1978) de la romancière et cinéaste Assia Djebar. Pour elle, dans ce film comme dans son roman *L'Amour, la Fantasia*, la guerre d'Algérie s'inscrit au sein d'une réflexion multiforme, qui englobe aussi bien toute une histoire de la conquête de l'Algérie par les Français que toute une analyse des rôles traditionnels attribués aux hommes et aux femmes. Mais dans un tel film, on ne saurait dire de la guerre d'Algérie qu'elle est une donnée initiale. Il s'agit au contraire d'y revenir sous une forme extrêmement élaborée et dans une perspective historique très élargie. C'est une œuvre qui tente d'ouvrir des voies nouvelles, non de commémorer.

5. PROBLÈMES AFRICAINS

Les pays africains n'ont pas eu à se battre militairement contre la France pour gagner leur indépendance. À dire vrai, dans le domaine militaire, ils sont plutôt marqués par le fait qu'ils ont eu à se battre *pour* elle, pendant les deux guerres mondiales. C'est une figure ambiguë que celle du tirailleur sénégalais, car elle dit à la fois l'attachement des Africains pour la France, et ce jusqu'au sacrifice de soi, mais aussi l'ingratitude de cette dernière et sa fâcheuse tendance à pratiquer aussi bien l'exploitation que l'oubli. En tout cas cette figure du tirailleur fait partie depuis des décennies d'une iconographie ambiante, et, d'une certaine manière, elle fait le lien entre le cinéma colonial et le cinéma des Africains. Sa dernière mise en scène se trouve dans le film de Sembène Ousmane et de Thierno Sow intitulé *Camp de Thiaroye* (1988). Il y est question d'un épisode historique authentique qui fait immédiatement suite à la Seconde Guerre mondiale : le massacre par l'armée coloniale française d'un bataillon de tirailleurs sénégalais exaspérés de réclamer en vain leur solde. Ce film récent apparaît au terme d'un grand règlement de comptes avec la puissance coloniale, remontant à des faits parfois plus lointains, comme dans *Sarraounia* de Med Hondo (1986) qui traite d'un épisode particulièrement brutal de la conquête armée.

Cette volonté d'un règlement de comptes avec la France est à l'origine du cinéma africain, comme en témoigne par exemple le titre d'un film réalisé en 1970 par l'Ivoirien Désiré Écaré : *À nous deux, France.* Et il en était ainsi plus tôt encore, dès ce film considéré comme l'origine du cinéma africain, *Afrique-sur-Seine*, des Sénégalais Mamadou Sarr et Paulin Soumanou Vieyra. Réalisé en 1955, il date d'avant les indépendances, mais représente une inspiration qui continuera tout naturellement après, par exemple avec *Concert pour un exil* de Désiré Écaré en 1968. Le néo-colonialisme est accusé de maintenir l'Afrique dans le même sous-développement qu'elle subissait déjà, du moins pour les populations africaines, à l'époque coloniale.

Cependant, si urgent que soit le besoin des Africains de protester contre l'état où ils sont réduits, le cinéma n'est pas d'emblée un moyen d'expression dont ils peuvent se saisir, parce qu'il faut pour cela acquérir la technique du récit filmique – beaucoup plus proche de l'écriture que de l'oralité, et de ce fait peu familière aux populations africaines dont les langues vernaculaires sont orales.

Même Sembène Ousmane, si convaincu qu'il soit de l'efficacité du cinéma (et de sa supériorité sur la littérature à cet égard) ne va pas au-delà d'une vingtaine de minutes pour son premier film, en 1963. Il s'agit de *Borom Sarret,* ce qui veut dire « le bonhomme à la charrette» en parler populaire dakarois. Dans un si court récit, l'unité est assurée aisément par l'itinéraire aller-retour de ce « borom », en l'espace d'une journée. Quittant sa concession le matin, il tente d'aller gagner quelques sous à Dakar pour rapporter le soir à la maison de quoi manger, mais il n'y parvient pas et rentre les mains vides. Devant l'échec du mari, la femme n'a d'autre choix que de partir à son tour pour gagner leur nourriture par ses propres moyens. Comme on disait à l'époque classique éprise de clarté et de lisibilité, le récit s'accroche à la règle des unités, ici l'unité de temps et celle d'action. Il y gagne une grande force, et l'on pourrait dire qu'il a aussi une valeur d'exercice, ou d'entraînement.

Si l'on prend maintenant l'exemple du réalisateur malien Souleymane Cissé, il est remarquable que son film le plus connu, *Yeelen* (1987), celui qui restitue par la force des images ce qu'il en est de la mythologie bambara, comme vision archaïque et poétique du monde, ne soit que son cinquième film. Tout se passe comme s'il lui avait fallu faire lui aussi l'apprentissage de l'écriture filmique avec des œuvres comme *Den Muso (La Jeune Fille)* en 1975 ou *Baara (Le Travail)* en 1977 avant de se risquer à prendre totalement appui sur les images et sur leur pouvoir – ces images dont il dit qu'elles « pèsent plus que le riz ». *Yeelen* apparaît au terme d'un parcours de quinze années qui assure à son auteur la maîtrise du récit filmique. Son premier film, *Cinq jours d'une vie* (1972), témoigne de ce même besoin de prendre appui sur une forte unité de temps et d'action dont nous parlions à propos de *Borom Sarret,* comme d'une garantie contre les égarements toujours à craindre de la narration. Dans l'œuvre cinématographique de Souleymane Cissé, on trouve au départ et comme par précaution une forme de récit qu'on pourrait dire néo-réaliste, généralement ressentie – à tort ou à raison – par les narrateurs de tous ordres, comme celle qui présente le moins de risque. À partir de cette forme, il évolue progressivement vers ce qui dans *Le Vent (Finye),* en 1982, prend la forme d'un récit d'éducation ; après quoi, avec *Yeelen,* il passe à une forme de récit initiatique d'une grande complexité, puisqu'elle inclut à la fois la négation du genre et l'affirmation pratique de son renouvellement.

On dira sans doute que les créateurs ont ainsi besoin de se chercher pour s'affirmer progressivement de manière plus audacieuse. Mais il n'est pas rare non plus, et on en verra des exemples, que l'audace formelle se trouve plutôt en début de parcours. Ce qui est remarquable dans le cas d'un Africain comme Souleymane Cissé, c'est qu'on s'attendrait peut-être (mais un peu trop naïvement) à trouver le récit initiatique au début de sa démarche, au plus près de l'expérience vécue et de la culture reçue en héritage. Or, il ne retrouve l'équivalent de ce qu'aurait pu être pour lui le griot que par hasard ou presque – découverte inattendue et merveilleuse surprise, comme il l'a raconté à propos du tournage de *Yeelen* et du vieil homme choisi pour jouer le personnage de l'initié Soma :

Parti loin des êtres, assis autour du feu, entouré de l'équipe de tournage, le vieux comédien qui joue le rôle du père dans *Yeelen* s'exprime avec beaucoup de sagesse comme tous les vieux de son âge. Nous l'écoutons avec beaucoup d'intérêt comme jamais nous ne l'avions fait. On ne savait pas réellement s'il disait la vérité sur les choses ou si c'était tout simplement de l'imaginaire, mais on l'écoutait quand même avec passion [...].

On peut en conclure que le cinéma africain doit sans doute beaucoup aux mythes et aux récits des griots, mais non comme données initiales. Il s'agit au contraire d'une reconquête, impliquant sa transposition ou sa métamorphose dans un autre genre, ce qui pour certains cinéastes représente le parcours d'une vie.

2

LES PIONNIERS

En dépit du fait que les cinémas d'Afrique ne se développent guère que depuis une trentaine d'années et malgré la permanence des thèmes qu'ils abordent comme on aura l'occasion de le constater – on a déjà le sentiment que deux sinon trois générations de cinéastes s'y succèdent. Ceux qui ont été les pionniers ne sont pas évincés ni disparus pour autant. Ils constituent pour les plus jeunes des « images du père » dont le rôle est senti comme primordial, à tous les sens du mot. Trois de ces figures symbolisent la première génération, celle qui a suivi les indépendances et qui parfois les a précédées. C'est pourquoi nous les avons déjà entrevues à propos des « données initiales » sur lesquelles ces cinémas se sont appuyés pour leur développement.

1. MOHAMMED LAKHDAR-HAMINA

Ce réalisateur a été pendant une quinzaine d'années le grand nom du cinéma algérien, quitte à être dénoncé finalement comme son potentat. À partir des films qu'il a tournés, le plus souvent en équipe, pendant la guerre d'Algérie, son parcours cinématographique se déploie jusqu'à une date qu'on pourrait fixer symboliquement à 1977 (même s'il continue à faire des films au-delà) quand paraît en Algérie le film de Merzak Allouache, *Omar Gatlato*, énorme succès public qui signifie une option claire et quasi unanime en faveur d'un cinéma différent. L'année 1977 est d'ailleurs aussi une date dans le parcours du cinéaste puisque c'est celle de son film *Décembre* qui montre de sa part un changement délibéré d'orientation et une volonté de travailler pour le public occidental, plutôt qu'au sein même de l'Algérie.

Mohammed Lakhdar-Hamina, né en 1934, a juste vingt ans lorsque commence la guerre d'indépendance de son pays. Le rappel de cette date suffit à le situer dans une histoire dont chacun s'accorde à reconnaître qu'elle est allée très vite, notamment pour des raisons démographiques à cause desquelles en Algérie les générations se succèdent très rapidement. On constate qu'après les films-documents tournés pendant la guerre d'Algérie, il a fallu au réalisateur quelques années avant de passer à son premier grand film de fiction *Le Vent des Aurès,* en 1967.

1.1 Invention

Il est évident que les premiers temps de l'indépendance ont représenté pour tous les Algériens, y compris les artistes, une sorte de mobilisation complète, comportant à la fois réflexion et décision, trop absorbante pour que de grandes œuvres ambitieuses puissent immédiatement être réalisées. La question n'était pas seulement matérielle : avoir ou non le temps d'organiser un tournage, elle était surtout mentale : il fallait laisser à la conception même de l'œuvre le temps de s'élaborer. En effet, *Le Vent des Aurès* n'est pas un film simplement descriptif, dans lequel il s'agirait de représenter ce qu'a pu être la guerre d'Algérie dans une région où elle a été particulièrement violente. À cet égard, le film de Mohammed Lakhdar-Hamina est profondément différent d'un autre film consacré à la guerre d'Algérie et qui est son contemporain, *La Bataille d'Alger* de Gillo Pontecorvo (1966).

La Bataille d'Alger est une analyse rigoureuse, implacable, du déroulement des opérations militaires menées dans la casbah d'Alger, entre adversaires de haut niveau représentant deux systèmes de valeurs et deux types d'engagements incomparables. Visuellement, la force du film tient beaucoup au fait qu'il se déroule dans l'espace clos de la casbah, s'amenuisant jusqu'à celui, encore plus restreint, des caches où se réfugient Ali La Pointe et son groupe. C'est un tête-à-tête ou un duel tragique, d'où le héros n'a aucune chance de s'échapper.

Judicieusement, Mohammed Lakhdar-Hamina prend le parti inverse, pour montrer l'autre aspect de la guerre, celui qui a rendu les combattants algériens presque insaisissables pour leurs adversaires de l'armée française – à savoir leur dissémination dans un espace à la fois vaste et complexe que sa géographie rendait difficile à quadriller. Les Aurès, dont le nom figure dans le titre du film, ne sont pas seulement cette région montagneuse de l'Est algérien où ont eu lieu en 1954 les premiers événements de la guerre d'indépendance. C'est aussi une région de paysages grandioses, canyons, gorges, falaises… tout à fait apte à devenir un bastion de résistance, à cette époque comme à d'autres auparavant. De plus, le caractère inaccessible et retiré de leur pays a permis aux Aurasiens de conserver leurs mœurs et leur culture berbères pendant des millénaires, en dépit des envahisseurs. L'évocation de ce lieu a donc une forte valeur symbolique. En y ajoutant le mot « vent », dans ce très beau titre, le réalisateur laisse pressentir tout le parti qu'il va tirer de ces vastes espaces plus ou moins désertiques. Sans parler du fait que, sur le mode figuré, on peut y voir une allusion au vent de l'histoire qui balaye les conquérants successifs, pour ne laisser que le roc et les hommes qui s'y accrochent depuis des siècles, voire des millénaires.

Les Aurès sont pour l'essentiel une région de hauts plateaux où rien ne peut arrêter la force du vent. Sur ces hauts plateaux court une femme, une mère algérienne à la recherche de son fils, et, elle non plus, rien ne peut l'arrêter. Tel est le parti choisi par le réalisateur pour parler de la guerre, mettant ainsi en contact ce qu'elle représente comme fait historique collectif avec ce qu'elle représente pour l'individu. Grâce à des cadrages et grâce à une écriture filmique que Mohammed Lakhdar-Hamina doit sans doute en partie à sa connaissance du cinéma soviétique, l'équilibre est maintenu entre le général et le particulier, entre l'individuel et le collectif. Il est maintenu aussi, idéologiquement, entre l'enthousiasme du militant pour une guerre nécessaire à la liberté du peuple, quel que soit le prix à payer, et l'incompréhension d'une vieille femme à l'égard d'événements qu'elle ne peut croire positifs et bons. Enfin, l'équilibre est maintenu, visuellement et spatialement, entre l'immobilisation du fils arrêté par l'armée française et l'errance de la mère, partie à sa recherche. À quoi il faut ajouter que tous ces équilibres ont à la fois pour effet de préserver un visage humain face à l'Histoire, et de souligner le poids des déterminations extérieures, sociales et autres, qui sont au cœur de tout engagement individuel.

La force du film est aussi d'avoir su faire place, au sein de la grande perspective historique, à ce qu'on pourrait appeler le « détail » – aussi insignifiant qu'irréductible – détail non dans l'ordre de ce qui est important, mais parce qu'il s'agit de ce qu'on ne peut intégrer ni dans une théorie ni dans un système. Ce « détail » ici est une poule, que la mère transporte avec elle et propose aux soldats français pour les amadouer. Cette poule est son vade-mecum, son « sésame ouvre-toi » ; la seule image de la poule suggère la place particulière de cette vieille femme dans l'histoire, de sorte qu'on pourrait la dire exemplaire de ce qu'est le détail au cinéma.

Le Vent des Aurès est un beau film parce qu'il n'est pas réducteur. Il ne réduit ni les détails qui sont de l'ordre du concret pur et simple, ni les caractères individuels, qui sont le détail humain, et qui se lisent notamment sur les visages, chez les bons auteurs de portraits. Ici, le film prend appui sur l'actrice Keltoum qui lui confère une humanité inoubliable, mais le réalisateur n'a pas choisi pour autant de la magnifier ou de l'idéaliser : la force des images lui sert à dire la nature infranchissable du fossé qui sépare les êtres adonnés chacun pour soi à ses croyances ou à ses passions. Pour ne prendre qu'un exemple de ce qu'est dans ce film le langage de l'image, on évoquera Keltoum avançant tête baissée, visage fermé, sa poule à la main, entre deux murs de pierre dure parfaitement banals et comme il y en a dans des milliers de villages, mais qui signifient ici que cette femme, définitivement, est murée.

Une nouvelle démonstration de l'ouverture d'esprit dont fait alors preuve Lakhdar-Hamina, c'est que son film suivant, *Hassan Terro* (1968), est d'un tout autre ordre : c'est une farce où le grand acteur comique Rouiched donne la mesure de son talent très apprécié du public. Dans la tradition de la comédie latine, satirique, sarcastique et sans ménagements, le réalisateur montre que le nationalisme de l'époque est parfaitement conciliable avec l'ironie et la distance critique et que ce mélange est peut-être même la marque de ce qu'il y a de meilleur dans l'algérianité.

1.2 Académisme

Cependant, Mohammed Lakhdar-Hamina, grand bénéficiaire de la nationalisation du cinéma algérien et de la création de l'ONCIC en 1969, en est peut-être aussi victime, dans la mesure où la puissance qu'il détient l'incite à se lancer dans de grandes et coûteuses superproductions qui font qu'on a pu parler à son sujet de mégalomanie. *Chronique des années de braise* (1975), qui témoigne de cette tendance, a été un grand succès à un double égard : auprès du public et au festival de Cannes où il a obtenu la Palme d'or. Mais c'est un succès indépassable pour son auteur lui-même parce que pour y parvenir il s'est soumis à un code de représentations qui académise les images en même temps qu'il les rend universalisables. Dans sa volonté de construire une grande fresque historique, on a l'impression que le réalisateur oscille entre deux modèles, celui du cinéma soviétique et celui du cinéma américain, ce qui ne serait pas grave s'il parvenait à définir à partir de là son propre style. Mais il se trouve qu'en retenant de chacune des deux écoles ce qui est conciliable avec l'autre, il fabrique des images aussi superbes qu'inexpressives, justement parce qu'il ne s'en dégage aucun parti pris personnel, aucune mise en question du créateur par lui-même.

C'est peut-être pour réagir contre cette trop grande universalisation de son propos que le créateur revient en 1977, avec *Décembre,* à ses films de guerre première manière. Mais on constate alors que ce qui avait un sens évident pendant la guerre n'a plus la même raison d'être quinze ou vingt ans plus tard, et que ce retour est gênant puisque le traitement du même sujet produit alors un effet idéologique inverse, de l'avant-garde au conversatisme. Quoi qu'il en soit, c'est la nécessité d'un tel film qui est désormais en question.

Mohammed Lakhdar-Hamina semble après cela s'interroger lui-même sur l'identité du public auquel il s'adresse et sur le type de travail qui serait opportun. La tendance ethnographique très marquée dans *Vent de sable* (1982) donnerait à penser que le film s'adresse surtout à un public extérieur à l'Algérie. Mais il s'agit peut-être d'une volonté de revenir à l'écriture filmique du premier cinéma soviétique, si sensible aux gestes les plus simples, ceux qui unissent fraternellement l'homme à ses objets. Il est bien vrai que ce rapport symbiotique existe encore en Algérie au début des années 1980, mais il n'est déjà dicible ou montrable que comme une contestation des pratiques et de l'idéologie dominantes, alors que la perspective de Mohammed Lakhdar-Hamina n'est nullement contestataire.

1.3 Autres recherches

Le réalisateur à cette époque a cessé d'être un pionnier. On s'en aperçoit d'autant mieux que certains de ses premiers collaborateurs ont continué, eux, à chercher, et ont avancé dans des voies nouvelles. C'est le cas de Mohamed Bouamari, qui réalise en 1972 un film très remarqué, *Le Charbonnier*. Né en 1941, il n'a guère qu'une trentaine d'années lorsqu'il fait ce film, et il est très à l'écoute de ce qui se passe dans l'Algérie, immédiatement contemporaine, du président Boumediene – non au sommet, mais dans les chaumières. Le mot chaumière retrouve ici son sens propre : c'est en effet dans une maison de cette sorte que vivent le charbonnier et sa femme, un de ces nouveaux couples qui se sont constitués depuis l'indépendance. Très habilement, le réalisateur rend perceptible dès le début de son film l'écart entre le monde des décideurs et des décisions prises au sommet, et le monde modeste des villages, où l'on subit les effets de ces décisions. La bande son fait entendre un mixage entre le chant des cigales et la diffusion d'un discours radiophonique de Boumediene sur la nationalisation des hydrocarbures. Il se trouve que cette nationalisation, qui permet que le gaz remplace le charbon de bois dans tout le pays, a pour effet de mettre au chômage le charbonnier.

On comprend vite que Mohamed Bouamari ne veut pas spécialement attirer notre attention sur le problème des hydrocarbures. En fait, c'est d'autre chose qu'il s'agit : outre l'écart déjà signalé entre le politique et le quotidien, c'est de l'équilibre d'un couple ou plutôt de son déséquilibre, et dans le meilleur des cas, de son rééquilibrage. La beauté du film tient beaucoup à l'émergence d'un personnage féminin en voie d'émancipation, d'autant que cette femme est jouée avec beaucoup de finesse et de sensibilité par la jeune actrice Fattouma Ousliha. On pourrait se trouver dans une situation semblable à celle qu'évoquait Sembène Ousmane dans *Borom Sarret*, puisqu'on va voir ici aussi la femme se substituer à l'homme pour gagner l'argent indispensable à la survie familiale. Mais en fait, le sens des deux films, que dix ans séparent, est profondément différent. Dans celui de Sembène Ousmane, la femme n'est que victime d'une misérable et consternante nécessité. Alors que dans *Le Charbonnier*, lorsque la femme décide finalement d'aller travailler à l'usine, elle accomplit un acte de liberté, et cette libération la dépasse elle-même puisque sa révolte contre la tradition oblige l'homme à réagir lui aussi. Face à des situations économiques qui évoluent brutalement et sans consultation démocratique d'aucune sorte, ne s'en sortiront que ceux – mais il se trouve que c'est plutôt celles, si l'on en juge par l'exemple du film – qui ont à la fois l'intelligence de réfléchir et le courage de faire face à des situations nouvelles. Ces deux qualités sont inscrites dans les expressions et les attitudes de la femme du charbonnier. C'est heureusement elle et non leur père, rarement présent, que voient vivre les deux enfants de la chaumière.

2. MED HONDO

Mohamed Medoun Hondo est comédien en même temps que réalisateur. Il est avant tout un militant pour un ensemble de causes africaines au service desquelles il a toujours mis ses films et continue à le faire. Mauritanien, Berbère et Arabe, il est pleinement l'homme d'un cinéma d'Afrique au sein duquel se rejoignent le nord et le sud du Sahara – sans oublier le Sahara lui-même puisque l'une des causes défendues par le cinéma de Med Hondo est celle du peuple sahraoui (*Nous aurons toute la mort pour dormir,* 1977). Med Hondo est tout à la fois un homme de spectacle, un homme de cœur et un homme qu'on aurait appelé « engagé » à l'époque où ce terme était encore d'usage. La fermeté de ses partis pris, la vigueur avec laquelle il les soutient et la conviction qui se dégage de ses œuvres n'empêchent pas que se pose la question des moyens employés (et ce d'autant plus que Med Hondo a beaucoup varié lui-même à cet égard) dans une recherche qui manifestement se poursuit jusqu'à son dernier film *Lumière noire* (1995) et sans doute – on l'espère – au-delà.

2.1 Contre le néo-colonialisme

Soleil O est le film qui a fait connaître Med Hondo en 1970 et lui a valu un grand succès, notamment dans les milieux dits « soixante-huitards », concernés par les rapports entre l'art et la politique. À cet égard, le cinéma déborde toute théorie purement intellectuelle même s'il l'inclut, en ce sens qu'il montre en même temps des effets et des exemples de modes d'action artistique dont le militantisme peut faire usage. *Soleil O* est une fiction, même si le mot n'a pas ici son sens le plus classique en matière de cinéma ; et c'est une dénonciation, aussi diversifiée que possible, du néo-colonialisme et de ses complices dans les pays africains. Cette diversité est importante, d'une part parce qu'elle souligne le caractère multiforme du phénomène et d'autre part parce qu'elle permet de transformer le pamphlet en spectacle.

Med Hondo n'a pas, comme ce sera parfois le cas à la génération suivante, l'obsession de l'identité. Il a réalisé son film en France et utilisé des acteurs français, tels que Robert Lieusol et Bernard Fresson. Son film montre et dénonce la condition des travailleurs immigrés en France, de la première génération, pour la distinguer de celle des cinéastes, Beurs et autres, qui ont commencé à travailler dans les années 1980. Cette première génération, dont Med Hondo fait partie, est marquée par les analyses marxistes de l'exploitation de l'homme par l'homme et elle y puise une grande force d'indignation. L'analyse marxiste (même s'il s'agit plus d'une idéologie ambiante que de son application à la lettre) définit les rapports de classes et les procédures d'exploitation à leur plus haut degré de généralité, voire les considère comme universels. En tout cas, Med Hondo, qui les dénonce au sein du système colonial, les retrouve aussi bien dans certains pays africains que chez certains pouvoirs dits nationaux, d'ailleurs mis en place par la France. L'équilibre du film et sa qualité en tant qu'œuvre viennent de ce que cette forte unité de la pensée et du système interprétatif est contrebalancée par la pluralité des modes d'énonciations. Il est probable que Med Hondo a tiré quelque enseignement des leçons que Bertold Brecht donnait pour le théâtre. *Soleil O* est une œuvre au sens plein du mot, tant par la force de la pensée que par celle des moyens d'expression.

Le film que Med Hondo a réalisé ensuite sous le titre provocateur *Les « Bicots-Nègres », vos voisins* (1973) marque une évolution en ceci que, réalisé en France, il met pourtant davantage l'accent sur les personnages d'Africains, joués par des acteurs africains, notamment Bachir Touré et Sally N'Dongo. Cette évolution est intéressante parce qu'elle va dans le sens général d'une autonomie des problèmes africains – quoi qu'il en soit par ailleurs des phénomènes de mondialisation. Les « Bicots-Nègres » s'affirment comme des personnages à part entière et pas seulement dans leur relation aux exploiteurs. C'est d'ailleurs un des sens du titre : « ils » sont là, et on peut difficilement feindre de ne pas les voir. Plus largement, ce titre est une affirmation provocante qui n'apparaissait pas dans le titre du film précédent : *Soleil O* est un titre poétique, symbolique, énigmatique ; *Les « Bicots-Nègres », vos voisins* est un titre sociologique et politique en même temps qu'ironique et sarcastique. De toute façon, ce deuxième film se présente comme une agression caractérisée, quoique transposée ludiquement.

Cette fois encore, Med Hondo utilise une leçon qui vient du théâtre. Aux éléments documentaires il ajoute sketches, chansons, dessins animés. À quoi il faut peut-être ajouter une leçon venue du cinéma de Jean-Luc Godard, et de sa manière inhabituelle d'aborder « par la bande » les problèmes de société. Dans *Les « Bicots-Nègres », vos voisins*, c'est une nouvelle traite des esclaves qui est dénoncée, mais avec la conscience qu'un film est un film et pas un discours devant les Nations unies, ni même un meeting politique. Il est probable que le Tanit d'or du festival de Carthage a voulu saluer l'intérêt d'une performance cinématographique qui ne sacrifie ni le spectacle visuel ni le message qu'on appelait alors tiers-mondiste.

2.2 Documentaires engagés

Comme tous ceux de sa génération qui étaient profondément militants en même temps que créateurs et artistes, Med Hondo n'échappe pas au sentiment d'urgence que lui inspirent certains combats, pour lesquels il serait sinon indécent et frivole, du moins inutilement bavard, de recourir à la fiction. En tant que Mauritanien, il se sent particulièrement concerné par la détresse du Sahel qui lui inspire en 1975 un long documentaire, *Sahel, la faim pourquoi ?* Le film procède beaucoup par interviews, ce qui évite au réalisateur d'intervenir directement pour révéler les dessous de l'aide alimentaire au tiers-monde. La démarche marxiste est encore celle qui est au principe du film ; comme son titre l'indique, il s'agit de remonter aux causes d'un phénomène, la famine, qui est en fait le résultat de toute une chaîne parfaitement analysable, maillon par maillon. À l'origine se trouvent les multinationales, véritables puissances du monde contemporain, qui imposent des politiques agricoles néfastes parce que destinées à l'exportation. Les pays du tiers-monde sont entièrement dépendants des pays industrialisés.

La pertinence de l'analyse n'est pas en cause, ni pour ce documentaire ni pour le suivant encore plus long et plus nourri, *Nous aurons toute la mort pour dormir* (1977) destiné à soutenir la lutte du peuple sahraoui. Le réalisateur choisit ici la forme réaliste, pour ce qu'on appelle un cinéma d'intervention, et le film dure plus de deux heures et demie. Le problème est de savoir à qui de tels documentaires sont destinés et qui les verra effectivement. La question est inévitable, dans la mesure où un tel travail ne vise rien d'autre que l'efficacité. Or, le risque est que ces films ne soient vus que par des convaincus, et ne puissent convaincre qu'eux.

2.3 Retour à la fiction

Med Hondo est sans aucun doute conscient du problème puisqu'il revient ensuite au film de fiction, sans rien perdre pour autant de la vigueur de ses engagements. En 1979, il réalise *West Indies* (la désignation anglaise de l'archipel des Antilles) d'après *Les Négriers* de l'Antillais Daniel Boukman. Med Hondo a recours à nouveau à des acteurs professionnels pour une sorte de fresque historique, consacrée à montrer le dépeuplement de l'Afrique par la traite et la constitution du peuple antillais marqué par le traumatisme originel que constitue ce déracinement. Le film échappe aux défauts qu'implique habituellement la formule « fresque historique », parce que la pesanteur du genre, très codé, est ici soulevée par le souffle de la révolte et la violence passionnelle des sentiments.

La réussite est moins évidente avec le film suivant, *Sarraounia* (1986).

Le point de départ est ici un épisode réel de la conquête coloniale, au Niger, vers 1900. L'une des dernières résistances africaines opposées à l'armée française est celle d'une femme, Sarraounia, reine des Amazones. D'une certaine manière, on pourrait dire que c'est l'histoire ici qui a trahi Med Hondo en lui proposant un trop beau sujet, trop démonstratif et trop évident. L'histoire coloniale fournit peu de personnages aussi piètres et aussi misérables que les adversaires français de Sarraounia, les capitaines Voulet et Chanoine dont la folie même était sans grandeur. Comment ne pas être manichéen face à une telle situation historique ? Cependant, Med Hondo a eu la très belle idée de recourir à des griots nigériens pour parler de Sarraounia : ils étaient les plus aptes à évoquer leur grande compatriote désormais entrée dans la légende.

Fidèle à la conception et aux choix qui sont les siens depuis le début de sa carrière cinématographique, Med Hondo emploie pour *Sarraounia* des acteurs de plusieurs nationalités (française, mauritanienne et russe) : Aï Keïta, Jean-Roger Milo, Feodor Atkine. De plus, il fait en sorte que le film existe en plusieurs versions, dioula, peule, française, pour tenir compte de tous les publics auxquels il est destiné. La question est de savoir si en visant plusieurs publics, on ne risque pas de n'en atteindre aucun dans sa majorité. Il est évident que le public nigérien ne peut représenter, quantitativement et financièrement, qu'un petit nombre d'entrées. Mais le caractère trop ponctuel et trop particulier de l'anecdote sur laquelle le film repose n'est pas propre à attirer le public français ni international. Le livre d'Abdoulaye Mamani dont le scénario est tiré est sans doute écrit lui aussi dans une perspective trop nigérienne pour que son audience puisse s'étendre au-delà.

Ce sont des constats de cette sorte qui ont amené Med Hondo à concevoir un peu différemment le projet de *Lumière noire*, film qu'un très petit nombre de gens ont pu voir à Paris en 1995, alors qu'il était manifestement destiné à un vaste public, et même à la totalité du public français, si les distributeurs n'en avaient décidé autrement.

Pour *Lumière noire*, le cinéaste a emprunté son sujet à l'excellent romancier Didier Daeninckx, auteur de plusieurs romans policiers dont celui qui porte ce titre. Le sujet du livre semble fait pour inspirer Med Hondo. Didier

Daeninckx est lui aussi un dénonciateur vigoureux, qui ne s'en laisse pas compter par les versions officielles quelles qu'elles soient. Dans *Lumière noire*, il montre comment une simple bavure policière déclenche un mécanisme particulièrement retors et meurtrier, parce que ses fils s'entrecroisent avec ceux d'une opération que la police veut garder clandestine : l'expulsion de Maliens par charter au départ de Roissy. L'expulsion des Maliens est de toute évidence un sujet propre à mobiliser l'énergie de Med Hondo. De plus, le roman raconte comment un Français, celui dont l'ami a été tué par la « bavure », se rend à Bamako et dans d'autres lieux du Mali à la recherche de l'unique témoin capable d'établir la vérité des faits. La représentation du voyage au Mali n'était pas moins tentante pour le réalisateur qui l'a développée plus qu'elle ne l'était dans le roman – ce qui était tout à fait son droit. Le problème est que l'unité de l'histoire, très forte dans le roman, se trouve de ce fait scindée dans le film, malgré une fidélité incontestable aux données livresques. Ce n'est pas seulement une question de longueur, qui fait que le voyage semble se développer à plaisir et un peu pour lui-même ; c'est surtout qu'il est traité comme un *excursus*, ou comme un épisode de roman picaresque, et d'une manière qui donne le sentiment qu'il y en a trop, ou trop peu. Ou bien on nous explique comment la police française tient sous sa coupe celle du Mali, ou bien, comme dans le roman, on donne des faits ponctuels et le Mali se réduit à ce qu'il a été dans la tête du personnage qui y débarque inopinément – alors que le film nous dit aussi, au moins un peu, ce qu'est le Mali pour le réalisateur Med Hondo.

Reste que *Lumière noire* est un film courageux et intéressant. Mais il avait peu de chance de surmonter la multiplicité des inimitiés qu'il s'était créées en chemin. S'attaquant à la fois au journal *Libération* et aux lois Pasqua, l'entreprise nécessitait des moyens énormes pour s'imposer. On rêve cependant à de nouvelles rencontres entre ce réalisateur et ce romancier et à de nouvelles œuvres nées de leur croisement.

3. Sembène Ousmane

Né en 1923, le romancier et cinéaste sénégalais a quelques raisons de se dire l'« aîné de anciens ». Ce surnom témoigne en plus d'une sorte d'humour qui explique que ses films, malgré des engagements politiques très forts, ne soient jamais purement démonstratifs. Sembène Ousmane, né en Casamance et travailleur immigré en France, a d'abord été écrivain. Ce changement de support montre que pour lui, le but à atteindre est plus important que le choix du moyen d'expression. Il faut toucher le public et lui expliquer les lois, simples mais féroces, du monde dans lequel il vit. Cependant, bien qu'on insiste toujours sur le fait que Sembène Oumane, en tant qu'écrivain, est un autodidacte, en matière de cinéma, il a été formé en URSS aux Studios Gorki.

3.1 Dénoncer l'exploitation

Après *Borom Sarret* (1963), un film qui décrit la vie quotidienne dans les bidonvilles de Dakar (voir chapitre 1, 5), Sembène Ousmane tente de s'engager dans une réflexion historique sur *L'Empire Songhay* : c'est le titre d'un projet, sans doute trop ambitieux, car le film reste inachevé. On peut d'ailleurs penser que le réalisateur, à cette époque du moins, est plus motivé par l'urgence et le présent immédiat que par un retour aux sources historiques de l'identité. Il voit les drames vécus autour de lui par ses compatriotes, drames souvent mortels, et c'est de cela avant tout qu'il veut parler. Il le fait dans *Niaye* (1964) un court métrage dont il existe une version en wolof et une autre en français, car il est vrai que le film dénonce à la fois des pratiques africaines et la bénédiction que l'administration française accorde ou accordait aux pires d'entre elles.

C'est avec *La Noire de...* que Sembène Ousmane s'impose en 1966. Cette fiction tirée de son propre récit reçoit cette année-là le Tanit d'or aux Journées cinématographiques de Carthage (JCC) et le prix Jean-Vigo. Il est vrai que l'histoire est exemplaire, pour qui veut montrer comment les formes d'exploitation pratiquées par l'Occident (y compris « en toute bonne foi », mais l'expression relève d'un examen critique) conduisent l'Afrique au suicide. L'Afrique est ici représentée par une jeune femme, Diouana, qui transportée en France par ses anciens maîtres perd pied et ne trouve d'autre issue que de se donner la mort. L'histoire est bouleversante. Le film, qui dure soixante-cinq minutes, doit à sa relative brièveté un effet comparable à celui de la nouvelle, moins explicite, moins explicative que ne le serait un roman. La concision du récit accroît l'impact des images et laisse le spectateur sous le choc. Sembène Ousmane évite le mélodrame, un genre bavard et prolixe. Mais son film suivant, *Le Mandat* (1968) n'aurait sans doute pu obtenir le prix du jury à Venise s'il n'avait respecté la durée dite normale de quatre-vingt-dix minutes !

En 1970, fidèle à son but qui est de faire connaître les drames humains de l'Afrique, Sembène Ousmane accepte de tourner pour les États-Unis un court métrage intitulé *Taw*. C'est la journée d'un jeune chômeur à Dakar, le film est en wolof sous-titré en anglais, seule solution qui préserve l'authenticité du propos, mais bien d'autres réalisateurs n'ont pas su s'en tenir à ce type de choix judicieux.

Dès son premier court métrage *Borom Sarret,* Sembène Ousmane se montre sensible au courage des femmes et à leur capacité de résistance supérieure à celle des hommes. Il est d'ailleurs l'auteur d'un très grand livre féministe avant la lettre et sans avoir besoin de cette étiquette, *Les Bouts de bois de Dieu* (1960), où il montre le courage étonnant et imprévisible des femmes au cours d'une très longue grève en 1947-1948. De manière un peu semblable, dans son film de 1971, *Emitaï,* il revient sur un épisode historique lié à la Seconde Guerre mondiale, et qui a eu lieu en Casamance, en 1942. Alors que l'armée française veut réquisitionner le riz pour nourrir ses troupes, elle se heurte à la résistance des femmes qui décident de cacher ces provisions indispensables à leur survie. Les hommes, eux, sont disposés à céder et il s'ensuit une véritable tragédie. L'intérêt d'*Emitaï* est dans une caractéristique qu'on retrouvera dans la plupart des grands films africains et par exemple dans *Finzan* de Cheikh Oumar Sissoko en 1989 (voir chapitre 5, 5). Elle consiste dans le traitement simultané de deux problèmes qui ne sont pas évidemment ni directement liés l'un à l'autre, et qui même ont tendance à entraîner l'action dans deux sens divergents. Raison pour laquelle le problème des femmes, entre autres, n'est jamais traité linéairement, mais remis dans son contexte complexe et concret.

3.2 Revenir à l'histoire

Un des grands films de Sembène Ousmane est assurément *Ceddo,* qui sort en 1976. C'est une fiction assez longue (120 min) pour laquelle le réalisateur prend le temps et la force d'un retour à un passé relativement lointain, le XVIIᵉ siècle. À cette époque, l'islam et le christianisme tentent conjointement de se développer dans l'Afrique de l'Ouest, malgré une résistance incarnée dans le film par la princesse, qui est elle-même l'émanation du peuple. La beauté du film et sa force démonstrative viennent de ce qu'il utilise très peu les discours, mais beaucoup les images. Celles de *Ceddo* sont saisissantes et d'une grande éloquence. Le principe des différentes religions et visions du monde confrontées dans le film peut très bien se montrer visuellement. L'islam et le christianisme sont des religions qui réduisent les gens à l'humilité par l'humiliation. Le continent africain a perdu sa force le jour où on lui a interdit de montrer la beauté du corps et d'inventer la riche ornementation dont il savait le parer. Grâce à son intelligence redoutable et perverse, l'imam usurpateur sait très bien comment prendre sa revanche sur les Ceddo récalcitrants. En rasant leurs têtes, en les dépouillant de leurs vêtements rutilants, il les coupe de leurs forces naturelles, il nie les valeurs fondatrices de leur monde, et c'est déjà une seule et même chose que de les réduire en esclavage.

La qualité d'un film se reconnaît entre autres à son caractère prophétique. L'effrayant imam de *Ceddo* préfigure assez bien ce qu'on commence à savoir de quelques chefs musulmans intégristes, talibans ou pas, en ces dernières années du XXᵉ siècle. Mais le film de Sembène Oumane n'est ni une argumentation ni une contre-argumentation simple. Il fait jouer à tous égards une série de différences, qu'il peut être intéressant de repérer dans un domaine original, celui de la musique, comme l'a fait récemment un critique :

> De même, dans le film *Ceddo,* le discours musical nous accompagne à travers les divers thèmes. La musique afro-américaine nous annonce et

commente la traite vers les Amériques ; la musique du griot ponctue le drame de la princesse Yacine Dior et de celui qui la séquestre dans les étendues quasi désertiques. Les autres musiques sont celles de la kora et les interventions du crieur public qui bat son tam-tam. Dans une séquence tout à fait ironique où le missionnaire blanc rêve d'une moisson fantastique de fidèles africains, c'est la musique africanisée de l'Église catholique qui nous souligne la diversité sémiotique du film. La musique ne sert ni à distraire ni à divertir, elle est une des composantes essentielles d'un discours véhiculé par un ensemble de signes polysémiques.

Ceddo est un coup de maître qui a pu inciter Sembène Ousmane à continuer son exploration des formes de résistance africaine aux invasions et oppressions. En 1980, il fait le projet d'un film consacré à Samori, le grand chef mandingue qui était parvenu à unifier l'Afrique de l'Ouest pour résister aux Français et aux Anglais, mais il s'agissait là encore d'un projet très ambitieux, exigeant beaucoup de moyens. Le film qu'il réalise en 1988, *Camp de Thiaroye,* traite d'un épisode historique beaucoup plus limité, dans un cadre restreint. Il s'agit de cette révolte de tirailleurs sénégalais qui de retour dans leur pays, en 1944, essayent en vain de se faire payer leur solde. Le moment insoutenable est celui où l'officier mis en cause envoie un char contre le camp des révoltés. Malgré le prix du FESPACO que le film obtient en 1989, l'accueil obtenu près du public est sur quelques points réservés. Il semblerait par exemple que, contrairement à ce qui nous est montré, il y ait eu dans ce fameux char non des militaires français mais, là aussi, des tirailleurs sénégalais. On pourrait sans doute dire que si cela était, l'histoire en prend plus de force encore, et en devient plus horrible. Mais la question qui a été posée est de savoir si Sembène Ousmane n'est pas finalement victime d'une structure binaire, nécessairement binaire, qui lui viendrait d'une formation marxiste insuffisamment repensée et qui le condamnerait à un manichéisme noir et blanc.

On trouve dans son œuvre antérieure suffisamment de preuves du contraire pour démentir ce soupçon. Cependant il est vrai que son film de 1992, *Guelwaar,* va plus loin encore dans le refus de principe de tout ce qui est occidental et blanc. Du moins selon certaines apparences qu'il faut analyser pour surmonter leur part de provocation. *Guelwaar* raconte l'histoire d'un militant africain assassiné pour avoir dénoncé dans un discours les effets pervers de l'aide humanitaire internationale qui finalement transforme ses prétendus bénéficiaires en esclaves. La thèse soutenue ici n'a rien de très original, mais elle acquiert une dimension nouvelle en s'appuyant sur des images et pas seulement sur des analyses verbales. On voit, dans le dernier plan du film, les enfants qui accomplissent la parole de leur père en déversant la farine d'un camion sur la piste. Après quoi, le cadavre de *Guelwaar* est transporté dans une charrette à travers une montagne de riz, de sucre et de tous les autres produits envoyés par la Banque mondiale.

Le choc des images est grand et l'on comprend que le film ait pu susciter quelque indignation. Certains y ont vu non seulement un didactisme outrancier, mais aussi une erreur grave, l'apologie dangereuse du repli sur soi. Cependant, on peut faire au moins deux remarques qui permettent de nuancer ce jugement. D'une part, Sembène Ousmane raconte ici encore deux histoires à la fois ; la seconde, en mineur, se passe entièrement dans la famille africaine de Guelwaar, qui reçoit l'aide de la fille devenue une riche prostituée. C'est donc encore une histoire d'aide, qui permet de comprendre, métaphoriquement, pourquoi l'aide doit être refusée. D'autre part, Sembène Ousmane ne parle pas de l'aide telle qu'elle pourrait ou devrait être, mais de l'aide telle qu'elle est réellement, et c'est cet écart qu'il s'agit de dénoncer. L'histoire est celle d'une supercherie ; pour ceux à qui on la propose, la seule réaction juste et saine est le refus d'y entrer.

Sembène Ousmane, comme Aimé Césaire aux Antilles, est une sorte d'« image du père » que les nouvelles générations africaines ont besoin de secouer pour trouver leur voie. Comme on le verra avec *Tilaï,* la preuve est faite qu'il existe, aussi, un Œdipe africain.

THÈMES ET FORMES DE LA REVENDICATION JUSQU'AUX ANNÉES 1980

Les grands maîtres reconnus comme pionniers ont été parfois un obstacle mais plus souvent une stimulation pour l'essor des cinémas africains. On a vu par exemple comment *Le Charbonnier* de Mohamed Bouamari (1972), en plein règne de Mohammed Lakhdar-Hamina sur le cinéma algérien, exprime, à travers des images plus modestes mais plus subtiles, des préoccupations différentes et un frémissement nouveau. De la même façon, on pourrait dire qu'un film comme *Touki Bouki* du Sénégalais Djibril Diop-Mambéty (1973) s'inscrit partiellement en faux contre le cinéma de Sembène Ousmane (quels que soient les liens entre les hommes et même leurs idéologies) – parce qu'il choisit de s'exprimer autrement.

Dans les années 1970, les pays d'Afrique et du Maghreb voient émerger des cinéastes qui presque aussitôt semblent prometteurs et retiennent l'intérêt. En Tunisie, c'est Ridha Behi avec *Les Seuils interdits* (1972) et *Soleil des hyènes* (1977) ou Abdellatif Ben Ammar avec *Une si simple histoire* (1969), *Sejnane* (1973) et *Aziza* (1980). Au Maroc, c'est Souhel Ben Barka avec *Les Mille et Une Mains* (1972), *La guerre du pétrole n'aura pas lieu* (1975) et *Les Noces de sang* (1977) ou Moumen Smihi avec *El Chergui ou Le Silence Violent* (1976). En Côte d'Ivoire, Désiré Écaré réalise un cinéma d'intervention avec *Concerto pour un exil* (1967) et *À nous deux, France* (1970). Au Niger paraît dès 1962 le film de Mustapha Alassane : *Aouré (Le Mariage)*, tandis qu'au Mali se succèdent pendant toute la décennie 1970-1980 les premiers films de Souleymane Cissé.

Cette énumération n'est évidemment pas exhaustive, mais en s'ajoutant aux noms les plus connus et déjà cités, elle confirme l'idée que les cinémas d'Afrique se mettent alors à exister, grâce à une diversité foisonnante de talents. On pourrait ordonner ce foisonnement en fonction de quelques regroupements thématiques, la constance des thèmes étant comme on l'a déjà dit l'une des grandes caractéristiques de ces cinémas tout au long de ce qui est aussi, par ailleurs, une évolution. Ces thèmes prennent le plus souvent la forme de dénonciations, celle du colonialisme et du néo-colonialisme, celle de l'exploitation des ruraux par le capitalisme urbain, celle de la condition faite aux femmes, rendant nécessaires et périlleuses leurs tentatives d'émancipation. Plutôt que d'en constituer l'inventaire, on cherchera à voir, à partir de quelques exemples précis, comment ces thèmes récurrents suscitent l'invention d'images et de structures formelles qui donnent aux cinémas de cette époque leur identité.

1. CONTRE LE NÉO-COLONIALISME, L'IDENTITÉ

Dans les années 1970, les cinéastes d'Afrique ont du mal à se persuader que les problèmes de société dont ils ont à traiter sont désormais nationaux ; mais ils le font progressivement et en recourant à des intermédiaires dont la représentation visuelle offre d'intéressantes possibilités. Ces intermédiaires sont le produit d'un collage presque surréaliste entre les réalités locales, nationales, et les comportements ou apparences venus de l'Occident. L'effet de ce collage, que les cinéastes trouvent dans la réalité mais qu'ils mettent en valeur par leurs films, est aussi original que provocant. On en trouve des exemples, vécus subjectivement, du point de vue des héros, dans *Touki Bouki* (1973) ; d'autres sont présentés du dehors, avec un parti pris de vision objective, dans *Soleil des hyènes* du Tunisien Ridha Behi (1976). Ce dernier s'était déjà exercé auparavant, dans un film à peu près contemporain de *Touki Bouki*, au maniement du même thème : certaines formes de rapprochement entre civilisations et cultures sont tellement « contre-nature » qu'elles sont assimilables au franchissement d'un interdit et provoquent la même violence destructrice.

Le mot « interdit » se trouve d'ailleurs dans le titre de ce court métrage réalisé par Ridha Behi en 1972, *Les Seuils interdits,* qui obtint le prix de la Critique aux JCC. Le film exploite déjà, comme le fera à une plus grande échelle *Soleil des hyènes*, une situation créée par le développement du tourisme, précoce et considérable en Tunisie. Mais le point de vue du réalisateur n'est pas purement sociologique, au sens où ce mot voudrait dire descriptif et centré sur des faits matériels, d'origine économique par exemple. Le tourisme est l'occasion ou la circonstance qui met en présence des êtres si différents que leur rencontre a quelque chose d'insoutenable, d'explosif et que l'effet en est meurtrier. *Les Seuils interdits* évoquent le viol d'une touriste allemande par un jeune Tunisien pendant qu'elle visite une mosquée et l'on perçoit immédiatement le sujet comme tabou, avant même de savoir que le film a eu maille à partir avec la censure. Car son propos n'est pas seulement la mise en cause d'une politique officielle qui pour des raisons économiques bien claires cherche à développer le tourisme. Ce ne serait là qu'un thème d'opposition politique. Or, le film de Ridha Behi est senti comme subversif pour des raisons bien plus gênantes et troublantes. Face à l'intrusion de corps aussi manifestement étrangers, différents physiquement, culturellement, religieusement, etc., le viol est le seul acte qui puisse se situer au même niveau de violence – comme la parenté de mots l'indique – que la violation subie. L'image est évidemment le meilleur moyen de rendre immédiatement sensible toute cette gamme de différences, sans qu'il y ait besoin d'autres commentaires. De même, le film joue sur l'ambivalence du mot « seuil », qui est à la fois un lieu précis et une notion abstraite ; et il visualise ainsi, de la manière la plus simple, l'idée de transgression. Le film de Ridha Behi est d'autant plus fort qu'on peut difficilement sympathiser avec l'adolescent misérable et frustré qui est l'auteur du viol. Ce n'est pas une histoire mélodramatique qu'il veut nous raconter, pour nous inspirer tel ou tel sentiment de commisération ou d'horreur. La violation de tabous crée un désordre du monde qui est de nature tragique, mais dans les nouvelles sociétés africaines, ce tragique est réduit au fait divers.

Soleil des hyènes oppose deux mondes, celui d'un village de pêcheurs qui vit depuis des siècles de la même manière traditionnelle, et celui du village touristique qu'on crée artificiellement au même endroit, en détruisant évidemment de ce fait les structures et les équilibres du précédent. Ici encore, la force de Ridha Behi est de sensibiliser le public à ce drame en inventant des images provocantes, des images qui sont le contraire de ce qu'on appelle aujourd'hui la langue de bois, parce qu'elles se créent sous nos yeux, comme si l'histoire elle-même les imposait.

Les intermédiaires que nous évoquions précédemment sont ici des bureaucrates tunisiens, cadres de plus ou moins haut niveau dans l'État national, mais aussi sans doute dans quelques entreprises privées. Ils n'ont pas l'aisance ou le style véritablement international des élites supérieures, ils s'efforcent plutôt de les mimer, et à travers ce relais plus proche, de mimer quelques modèles occidentaux. Le résultat est hilarant, plus bizarre encore que grotesque. Le réalisateur nous les montre lorsqu'ils arrivent soudain dans le village, venus de la mer sur un hors-bord comme s'ils étaient des créatures d'une autre planète. Ils sont cravatés, gominés, sanglés dans des costumes sombres étriqués, et portent des lunettes noires qui sont supposées renforcer leur respectabilité. On n'est pas très loin de la manière dont les membres du Ku Klux Klan s'y prenaient pour impressionner les bons vieux nègres naïfs et apeurés. D'ailleurs, au moment de cette prise de contact, Ridha Behi nous décrit des villageois complétement effarouchés, qui se mettent à s'agiter en tous sens, comme si on avait donné un coup de pied dans une fourmilière. Or, on les a suffisamment vus auparavant pour savoir qu'ils ne sont en aucune façon stupides, pas même naïfs, mais au contraire étonnamment lucides. Cependant, tout cela ne les empêche pas d'être impuissants et mis en infériorité, de fait, sitôt que débarquent les petits hommes en noir, dont on comprend très vite qu'ils ne sont que des marionnettes mues par des hommes d'argent venus de l'étranger.

On peut penser que la représentation caricaturale est le moyen trouvé par le réalisateur pour lutter contre la violence de ses propres sentiments. Il se laisse davantage aller au lyrisme, et à l'indignation ou à l'horreur, lorsqu'il ne s'agit plus de représenter les hommes, mais les lieux, l'espace et les paysages. Les moments les plus forts à cet égard sont ceux où l'on assiste à la construction du complexe touristique. Dès la pose de la première pierre, on voit le ciment dégouliner de manière passablement répugnante, mais c'est évidemment bien pire lorsque tracteurs et pelleteuses entrent en action, et que les hommes du village, naguère pêcheurs, pataugent dans un sol bouleversé, tandis que les machines font couler des flots de béton. À ces images sombres et mornes d'enlisement dans une matière sans vie s'opposent toutes les vues que l'on a de la mer, lumineuse et vivante, dangereuse parfois, mais vraiment digne d'être affrontée par l'effort humain. Une série d'oppositions mineures viennent compléter l'opposition majeure entre ces deux mondes, celui qui fait place à la compétence des hommes et à leurs initiatives, celui qui les automatise et les transforme en esclaves. Sur le chantier, les ouvriers que l'on voit tous en file, avec leur pic à la main, sont semblables à des forçats ; ce sont les mêmes hommes qu'on a vu parler, penser, sur leurs barques ou sur la plage, lorsqu'ils réparaient leurs filets.

Le système d'oppositions autour duquel le film est construit est d'autant plus intéressant qu'il ne signifie pas une vision manichéenne du monde, idéalisant le mode de vie traditionnel. Ridha Behi montre au contraire comment les failles internes de la société villageoise permettent au danger extérieur de s'y engouffrer. On hésite d'abord sur le sens des premières scènes, qui consistent à montrer les duretés de la vie traditionnelle et le rôle néfaste que jouent en son sein quelques exploiteurs décidés à éliminer les esprits récalcitrants. On comprend bientôt que cette élimination s'inscrit dans un seul et même processus, quelles que soient les formes successives du pouvoir, administration coloniale, État national, capitalisme international. Les exploitateurs locaux en sont toujours les agents, et leurs victimes humaines, trop humaines, sont finalement vaincues par leurs contradictions. Le jeune pêcheur courageux, qu'on a vu souvent dans l'immense espace de la mer, se retrouve en prison, et le cafetier philosophe en est réduit à porter un costume folklorique pour attirer les touristes dans la nouvelle boutique dont on l'a doté.

C'est tout un mode de vie qui disparaît dans l'immense éclat de rire du fou du village, sur fond de soleil rouge, pour souligner la dérision sanglante de ce dénouement. L'amertume de deux ex-hommes libres est évidemment partagée par le réalisateur. Si nostalgie il y a, elle n'est sûrement pas celle d'un « bon vieux temps » où les femmes mouraient en couches, comme on le voit dans la première séquence du film. La question est plutôt de savoir où trouver la dignité de l'homme, un mot qui n'est jamais prononcé mais signifié autrement. Dans la boutique du cafetier, on voit à quelques reprises une photo du raïs égyptien Nasser, rappelant l'honneur des Arabes et le bref moment où ils ont cru retrouver leur fierté. Mais à la fin du film, la photo a été jetée dans un fatras de bibelots inutiles, comme une cruelle dérision. Le film est dédié à Claude Michel Cluny, un critique qui a justement suivi de près dans les cinémas arabes ce qu'il en a été de la grandeur, illusions et désillusions.

2. ILLUSIONS, DÉSILLUSIONS

Tel est le jeu d'aller retour sur place que nous donne à voir le film du Sénégalais Djibril Diop-Mambéty, *Touki Bouki* (1973), un des premiers longs métrages qui a fait émerger le cinéma africain, en révélant notamment sa puissance inventive dans la création et l'utilisation des images symboliques. Pour raconter l'histoire de deux jeunes gens, Mory le garçon et Anta la fille, qui ont un peu plus d'une vingtaine d'années et qui compensent leur marginalité sociale par un rêve d'évasion, Mambéty n'a pas besoin de discours, et d'ailleurs son film est presque muet – ce qui ne retire rien, comme on le verra, à l'importance de la bande son. Le film procède par images visuelles ou sonores, qui sont constitutives des deux héros et de leur mode de vie avant de prendre une valeur symbolique.

2.1 Objets symboliques

L'exemple le plus frappant en est une sorte de mobylette, ou moto aménagée, sur laquelle les deux personnages circulent dans les rues de Dakar. On ne tarde pas à comprendre qu'elle symbolise leur volonté de fuite et leur instabilité. Cependant, cette interprétation est très réductrice par rapport à la riche signification dont cette moto est investie, semblable en cela au film tout entier. Elle porte sur son guidon une sorte de bucrane, squelette décharné d'une tête de bœuf surmontée d'une magnifique paire de cornes. Or, ce bœuf est un rappel de l'origine de Mory et de son histoire antérieure. Mory est un garçon de la brousse venu à Dakar au moment où les éleveurs ont dû vendre leur bétail à cause de la sécheresse. Le film s'ouvre sur la vision d'un immense troupeau qu'on mène à l'abattoir, sous la conduite d'un jeune garçon de fière stature, qui est Mory adolescent. Les vaches, qui ont le pressentiment de ce qui les attend, résistent de toutes leurs forces et se font traîner au bout d'une corde. Suivent des scènes d'égorgement, très pénibles, dont on constatera tout au long du film que Mory en a gardé un souvenir traumatisant.

Amené à Dakar par l'exode rural, Mory est voué depuis lors à y chercher difficilement les moyens de sa survie. Les cornes qui ornent sa moto sont à la fois le souvenir gratifiant de sa vie passée et le rappel humiliant de la déchéance qu'il lui faut subir désormais. Elles sont aussi une sorte de provocation qui l'expose à subir des avanies. Lorsqu'il va chercher son amie Anta à l'université, les étudiants qui sont de jeunes privilégiés issus de la bourgeoisie citadine s'amusent cruellement à prendre les cornes au lasso pour abattre la moto et l'entraîner derrière eux, ce qui ne peut manquer de rappeler à Mory comment ses vaches aussi ont été traînées à l'abattoir au bout d'une corde.

Cependant, ces cornes sont un véritable fétiche pour les deux jeunes gens qui ne sont jamais aussi proches l'un de l'autre que lorsqu'ils chevauchent la moto, comme Mory adolescent chevauchait le plus beau bœuf du troupeau. Les cornes sont à dire vrai leur seul bien assuré, comme on s'en aperçoit à la fin du film lorsque la moto a été écrasée au cours d'une ultime péripétie. Mory n'a pas manqué de ramasser le bucrane, qui prend plus que jamais valeur de survivance et d'unique vestige.

Reste la qualité du film, qui est que l'image fait comprendre mais n'explique pas. On ne saura jamais par exemple, comment Mory en est arrivé à la conception et à la confection de cet engin surréaliste. La « moto à cornes », en tant qu'objet bricolé et insolite, réalise un collage inédit qui est à mettre entièrement et uniquement au crédit de Diop-Mambéty. D'ailleurs, la caractéristique précieuse des images, comme symboles ou supports de signification, c'est qu'elles laissent toujours une marge à l'interprétation.

L'image la plus dure du film, la plus dramatique, est celle du sang des vaches qui coule à flots au moment de leur égorgement. C'est évidemment une image de mort, l'image d'un massacre, qui ne peut qu'inspirer la terreur et le désir de fuite. On la voit au moment où Mory est au pied de l'échelle qui conduit au bateau sur lequel Anta est déjà montée avant lui, pour réaliser leur rêve de partir en France. À ce moment précis, le mugissement du bateau rappelle à Mory le meuglement des vaches ; la sensation est si forte qu'il s'arrête aussitôt et s'enfuit, son canotier à la main.

Globalement le sens est clair, mais restent des variantes possibles dans l'interprétation. Ou bien Mory ne veut pas faire partie du troupeau qu'on embarque pour cet autre « abattoir » qu'est le monde des Africains immigrés à Paris. Ou bien la vision qu'il a de ses vaches le ramène en arrière comme un assassin qui revient sur les lieux du crime. Dakar a été pour Mory le lieu d'un traumatisme si fort qu'il ne parvient pas à s'en éloigner : ce serait renouveler l'acte initial qu'il a senti plus ou moins consciemment comme trahison et reniement.

En tant que moyen de locomotion, la moto appartient à toute une série qui articule les étapes du désir de fuite – plutôt que de la fuite elle-même, puisqu'elle n'aura pas lieu. La matérialisation, par ces engins divers et successifs, de leur désir d'évasion, permet que le film se renouvelle et s'amplifie, avec un point culminant qui précède la chute finale et le retour au point de départ, ou même en deçà. La moto représente la sortie hors du bidonville d'où Anta est originaire, l'échappée hors de la famille et du quartier. Anta et Mory ont besoin d'affirmer leur mobilité, même dans un espace restreint, pour se préparer à une rupture plus grande. Pour signifier l'ascension sociale que leur départ en France ne peut manquer d'entraîner selon Mory, il leur faut amorcer, dès Dakar, l'étape suivante, symbolisée par la voiture. Et quelle voiture ! Cet engin de haut luxe, aménagé lui aussi façon voiture américaine de style hollywoodien, est la propriété d'un gros nègre homosexuel et riche qui convoite les charmes de Mory. Ce qui vaut à ce dernier le passage intermédiaire par un véhicule parodique et emblématique, dont le nom est tout un programme, puisqu'il s'agit d'un pédalo dont le gros nègre use pour promener ses élus dans sa piscine privée. Ainsi vont les symboles dans *Touki Bouki,* un film picaresque qui touche aux registres les plus variés. La promenade des deux héros dans cette extraordinaire voiture est un morceau de bravoure, qui transcende le réalisme pour intégrer les fantasmes aux faits. Mory et Anta se voient comme deux jeunes héros triomphants et fêtés par la population qui les acclame tout au long d'un défilé dans les rues de Dakar. Leur imagination a glissé, au-delà de la voiture, vers la scène tout entière dont elle aurait pu être un élément.

Même contiguïté entre leur désir de partir en France et la vision des gros navires qui circulent sous leurs yeux dans le port de Dakar, lorsqu'ils viennent s'asseoir ensemble au bord de la mer pour s'isoler et rêver. Du navire à leur embarquement et de leur embarquement au « paradis » parisien, ils glissent, grisés par une musique obsédante et charmeuse qui est le leitmotiv du film.

Parmi les images symboliques que le film n'explique pas, parce qu'elles participent à son sens général sans se soumettre à la logique d'un épisode particulier, il y a l'image d'une tête de mort, qui surgit de manière imprévue, mêlant des effets comiques et fantastiques. Pour trouver l'argent de leur voyage en France, Anta et Mory volent la recette d'un stade, supposée se trouver dans une grande malle bleue. Après un long trajet pour sortir de la ville, arrivent le lieu et le moment d'ouvrir la malle, mais elle ne contient qu'une tête de mort, sans qu'on sache l'origine de cette sinistre plaisanterie. En tout cas, elle dispense les deux héros d'avoir commis un vrai hold-up, ce qui vaut mieux pour eux et les maintient dans leur statut de petits délinquants ou de marginaux. Il semble surtout que la supercherie joue comme un effet d'annonce, laissant entendre que toute leur histoire est de l'ordre de la mauvaise plaisanterie, qu'il ne faut pas prendre trop au sérieux. Mais la tête de mort signifie aussi que, si plaisanterie il y a, de toute façon, elle est grinçante, et que cette histoire, finalement, n'est pas drôle. La tête de mort, ici, joue un peu le même rôle que les « vanités » de l'Occident chrétien. Elle est là comme un rappel du néant des richesses et de l'absurdité de nos désirs cupides. À partir d'une problématique caractéristique de son époque (subir ou ne pas subir la fascination de l'ancienne métropole), Diop-Mambéty invente une rhétorique de l'image qui va de l'allégorie médiévale au collage surréaliste. À cet égard, son film pourrait bien être le plus inventif de tout le cinéma africain.

2.2 La bande son

Le leitmotiv du film est une chanson de Joséphine Baker : *Paris, Paris, Paris... c'est sur la terre entière le Paradis*. La phrase musicale, lancinante, accompagne les échappées du jeune couple sur la moto. Par l'utilisation qu'en fait le metteur en scène, elle prend un double sens, celui d'une griserie et celui d'une dérision. Elle emporte les deux héros par son lyrisme, au-delà des piètres réalités dakaroises et au-delà de l'océan. Mais sa mise en contact avec les situations réelles qu'on a sous les yeux pendant qu'on l'entend produit un effet de démystification – et en ce sens, elle souligne le caractère fictif et irréaliste ou fantasmatique du projet d'évasion.

En dehors du parti qu'elle tire de cette chanson, la bande son est toujours intéressante, voire audacieuse. Elle se substitue parfois aux images et constitue une autre manière, non moins efficace, de produire du sens. On découvre par exemple qu'Anta et Mory font l'amour sur leur rocher favori au bord de la mer sans aucun indice visuel, mais uniquement parce qu'on entend les bruits, très suggestifs, de jouissance (féminine) qui se mêlent à celui des vagues. Après quoi l'image du flot submergeant les rochers prend un sens très précis, désignant le moment de l'orgasme. Rien n'est censuré et l'on dirait même que l'absence d'images directes ou réalistes produit un effet particulièrement provocant.

3. BLOCAGES

Deux ans après *Chronique des années de braise* de Mohammed Lakhdar-Hamina se produit dans le cinéma algérien un phénomène dont les cinéphiles tirent la conviction qu'une ère nouvelle est commencée. Le film de Merzak Allouache, *Omar Gatlato* (1977) donne le sentiment d'un renouvellement à cause du contexte algérien dans lequel il paraît, mais plus généralement à cause d'une liberté de ton qui est son invention propre et qui serait remarquable dans toute espèce de production cinématographique. Ce ton particulier est une invention de Merzak Allouache, qui repose sur un paradoxe. Omar, le héros du film, en est en même temps le narrateur et c'est à lui que l'on doit tout un ensemble de remarques non conventionnelles sur le monde dans lequel il vit, les comportements des autres et les siens, etc. Cependant, ce même Omar, auquel on serait tenté d'attribuer une personnalité originale, induisant une démarche individuelle et choisie par lui, se révèle aussi soumis que les autres à tout un ensemble de routines et parfaitement incapable d'y échapper. L'individualité du narrateur se trouve ainsi scindée en deux êtres différents, celui qui parle et celui qui agit, et ce décalage est créateur d'un humour qui accompagne tout le film, alors même que celui-ci pourrait produire un effet désespérant. En inventant ce dédoublement du sujet, à la fois lucide et impuissant, Merzak Allouache transfère sur la structure du film et son système narratif ce qui est par ailleurs un aspect essentiel de son contenu thématique. En cela, il montre son souci d'inventer une forme cinématographique signifiante par elle-même, qui produise du sens immédiatement, avant toute espèce d'analyse et de réflexion. Que l'on considère les problèmes d'Alger, c'est-à-dire d'une ville avec ses habitants, ou ceux d'Omar en particulier, le film n'a pas besoin de dire ce qu'il montre avec évidence, de sorte que l'intrigue, brièvement racontée par le narrateur, apparaît comme l'effet et la confirmation de tout ce qu'on a déjà vu et compris.

Avant qu'on en arrive au dénouement, les jeux sont faits. La scène décisive, celle de la rencontre inaboutie ou de la fausse rencontre entre Omar et Selma, peut se contenter d'être une scène muette, virtuelle, et si l'on peut dire une « scène en creux ». Ce creux – c'est-à-dire l'espace d'une place à traverser qui subsistera comme un vide infranchissable entre eux deux – est d'ailleurs remarquable parce qu'il est seul de son espèce dans le film et s'oppose à tout le reste, qui est de l'ordre du trop plein.

La représentation de l'espace, ou de l'absence d'espace, atteint dans *Omar Gatlato* son plus haut degré de signification. Depuis plusieurs décennies, on signale, lorsqu'on parle de la ville d'Alger, l'importance qu'y prennent les données de la démographie qui, jointes à l'exode rural, entraînent un effroyable surpeuplement. Dès les premières images, on a compris tout ce que veulent dire ces propos souvent entendus. Ce sont des images d'un quartier ou d'un sous-quartier totalement enfermé, enserré dans des barres d'immeubles qui sont de véritables murs de prison, sans horizon, étouffants, le linge pendu au dehors signifiant la surpopulation du dedans. Le trajet d'Omar jusqu'à son lieu de travail est totalement ritualisé et sans variantes, totalement balisé aussi, de sorte qu'Omar ressemble plus à un rat de laboratoire qu'à un homme libre. Le bureau où il travaille avec ses trois collègues est également encombré et lorsqu'il s'agit de faire une sortie, c'est toujours vers des lieux collectifs où l'on s'entasse : stades surpeuplés, cafés bourrés à craquer de jeunes hommes assis les uns contre les autres dans une épaisse fumée. Même la plage réussit ce paradoxe de ressembler à une sorte de trou d'eau cerné de toute part par des rangées de baigneurs qui empêchent de voir au-delà.

On serait tenté de dire que l'espace est le symbole de la liberté, et que l'absence de l'un est le symbole de l'absence de l'autre, si le mot symbole n'était bien abstrait par rapport à ce que le film montre. Omar va échouer dans sa seule tentative pour se conduire en homme libre parce qu'il n'a pas l'apprentissage de l'espace, et de ce fait ne sait pas ce que veut dire la rencontre avec quelqu'un. Lorsqu'il découvre par hasard l'existence d'une jeune femme, dont il apprend ensuite qu'elle s'appelle Selma et qu'elle est la collègue de bureau de l'un de ses amis, il ne la voit pas dans un espace réel, il ne l'appréhende que par sa voix, qu'elle a omis d'effacer sur une cassette. À force d'écouter ces quelques phrases, il s'imprègne d'elle et l'absorbe en lui-même au point d'en tomber amoureux, ce qui n'a rien d'étonnant dans le climat de frustration où vivent tous ces jeunes gens. Mais il sous-estime, faute d'expérience, l'écart entre la découverte auditive et la découverte visuelle, ou plutôt réelle, qui, elle, ne peut se faire que dans l'espace. Avoir à franchir librement un espace pour rencontrer la personne de son choix, c'est une démarche, au sens propre comme au sens figuré, qu'Omar n'a jamais faite, et au bord de laquelle il reste bloqué.

Omar et Selma sont au rendez-vous, à l'heure dite, elle a accepté de le voir à la sortie de son travail et l'attend. Inquiète, elle regarde de tous côtés, comprenant bientôt qu'il est là quelque part mais hésite et ne se décide pas. En effet, il ne parviendra pas à franchir le pas, cette largeur de la place qui les sépare : aucun pont ne s'établira sur le fossé insurmontable de la non-communication.

Le film matérialise les images qui s'interposent entre cette Selma si proche et Omar qui pourtant n'avance pas. Elle sont de deux types. Les unes sont celles de la rencontre virtuellement réalisée avec Selma – leur caractère virtuel étant désigné par la couleur uniformément bleue, qui s'oppose à celles de la réalité. Or, ce rapprochement virtuel, qui s'impose à Omar comme une sorte de fantasme instantané, lui fait voir de près une Selma mécontente, qui a l'air déçue, irritée et fâchée. Le sens de ces images est clair : Omar a peur de ne pas plaire à la jeune femme, d'être rejeté par elle ; il manque totalement de confiance en lui-même et se croit incapable de satisfaire la demande féminine. Là est l'obstacle intérieur, dont on verra qu'il est le résultat d'une longue histoire et constitue une sorte de fatalité psychique, aussi impossible à surmonter que l'est, par définition, toute espèce de fatalité.

L'autre série d'images correspond, semble-t-il, non à une projection imaginaire d'Omar mais à ce qui se passe dans la réalité. Cependant l'effet serait le même s'il s'agissait là aussi d'un pur fantasme. Ses trois collègues et acolytes ordinaires font une apparition soudaine au moment où Omar a enfin pris son élan pour rejoindre Selma. Ils ricanent, gesticulent pour le retenir et lui disent en substance : « Reste avec nous, n'y va pas, reviens », etc.

Tiré en arrière d'un côté, repoussé de l'autre, Omar est visiblement trop frêle, trop apeuré, pour imposer sa volonté contre ces forces dissuasives. Et c'est ainsi qu'il disparaît, littéralement, de l'image, pour ne réapparaître, brièvement, que sur les chemins habituels et tout tracés où on l'a déjà si souvent vu. Il se dissout à nouveau, en tant qu'être individuel, dans le trop-plein de ces lieux collectifs qui signifient à l'évidence l'impossibilité d'inventer un acte libre.

Le travail fait par Merzak Allouache dans la représentation physique d'Omar lui-même est à la fois un commentaire de son surnom, « Gatlato », réputé intraduisible, et une réflexion en profondeur sur les limites qui enserrent son personnage, du dehors comme du dedans. Le mot *gatlato*, quoi qu'il en soit de son sens précis en arabe dialectal, est une allusion à la virilité d'Omar et à sa prestance physique. De ce corps, qui est son seul bien, Omar veut tirer les meilleurs effets, aussi cherche-t-il à le mettre en valeur par plusieurs sortes de coquetterie, dont l'effet n'est peut-être pas ce qu'il croit. Son pantalon, très serré sur les cuisses, fait évidemment ressortir le côté « muscle long » et l'extrême minceur de la taille et des hanches dans le style « danseur espagnol ». Ses chemises, étonnamment étroites, sont très ouvertes sur la poitrine, laissant apparaître une toison supposée virile elle aussi et relevée de quelques ornements, chaîne ou médaille. C'est le style « près du corps », qui fait un peu sourire par sa naïveté, et qui en fait ramène au problème de l'enfermement.

Le jour de son rendez-vous avec Selma, Omar porte un étonnant costume noir, apprêté, étriqué, et rendu plus funèbre encore par la chemise blanche. Il est coincé dans son costume, avant de l'être par l'ensemble de ses inhibitions. Selma, en revanche, porte de jolis vêtements clairs et colorés dans lesquels elle semble à l'aise. On ne la voit que peu de temps et de loin et pourtant sa silhouette, ses attitudes suffisent à faire comprendre qu'elle n'est pas un être problématique, à la différence d'Omar, si terriblement tendu et nerveux. Le film dit aussi la différence du masculin et du féminin en Algérie, dès les années 1970, pour ne pas parler de ce qui suivra.

Il va de soi que le film donne encore bien d'autres informations. Cependant, la qualité principale, saluée par l'accueil du public algérien, est une justesse de vue qui inclut l'apparence et passe par elle avant d'aller au-delà. En 1977, Omar a été perçu comme totalement reconnaissable par des millions de ses concitoyens. Et pourtant nul n'aurait l'idée de parler d'un film réaliste ou néo-réaliste, ou sociologique, car aucun de ces termes ne définit justement le sens particulier de l'observation dont il fait preuve. Étonnamment, on est sans doute plus près du *Monsieur Hulot* de Jacques Tati que du *Voleur de bicyclette* de Vittorio De Sica. On comprend par là que les cinémas d'Afrique, si jeunes qu'ils soient, peuvent se permettre de brûler des étapes et de perturber l'histoire du cinéma telle qu'on l'a connue en d'autres lieux.

INSTITUTIONS

Les cinémas d'Afrique et du Maghreb ont bénéficié du climat politique dominant dans les pays où ils se sont développés. Ces pays, majoritairement, se sont appuyés sur des notions d'obédience marxiste et sur des modèles en provenance du bloc communiste pour se donner des institutions nationales de type socialiste, avec des spécificités plus ou moins marquées. Cette option a souvent signifié la nationalisation des outils de travail, dans le domaine du cinéma comme dans d'autres, mais aussi, plus largement, le soutien de l'État dans le domaine culturel, financièrement et par la création de différents organismes. Ce soutien implique nécessairement un contrôle, qui, d'après le témoignage des créateurs eux-mêmes, n'a pas toujours été aussi gênant qu'on aurait pu le craindre, mais qui signifie pourtant l'existence d'une censure.

Dans des pays où l'idéologie dominante est très forte, et ne laisse place en dehors d'elle qu'à la subversion, il est inévitable que les réalisateurs se soumettent, plus ou moins délibérément, à quelques formes d'autocensure. Cependant, ces limites même définissent un style au cinéma, comme en toute forme d'art. Elles suscitent aussi la création de moyens d'entraide, associations, fédérations, qui disposent d'un pouvoir réel et qui jouent un rôle important en organisant des rencontres cinématographiques, avec attribution de prix, etc.

Les cinémas d'Afrique et du Maghreb disposent depuis au moins deux décennies des moyens nécessaires à l'expression, matériellement et humainement – mais il leur reste à résoudre un grand problème, celui de voir s'ouvrir des marchés à leurs productions. Cette question dépasse le cadre des États nationaux. De toute évidence, c'est au niveau mondial que se pose aujourd'hui la question : être distribué ou ne pas l'être.

1. LE PUBLIC, LES CINÉMATHÈQUES ET CINÉ-CLUBS

Dans la perspective d'une éducation populaire, former le public et lui donner le goût d'un cinéma de qualité était une opération indispensable. Elle a été particulièrement réussie par la cinémathèque créée à Alger peu après l'indépendance, et dirigée pendant plusieurs années par le Français Jean-Michel Arnold. Les films et le public ont été d'une grande qualité et les débats, extraordinairement animés, ont donné lieu à une véritable pédagogie pour de futurs réalisateurs. La cinémathèque d'Alger ne cesse depuis lors d'assumer sa « vocation arabe et africaine », comme le dit son directeur actuel, Boudjemaa Karèche. Elle s'emploie à collecter et à conserver un grand nombre de films, et parfois dans leur version intégrale, lorsqu'ils ont subi des coupures, comme ce fut le cas pour *Nah'la*, le film de l'Algérien Farouk Beloufa (1979) dont l'action se situe à Beyrouth, entre militant(e)s de la cause palestinienne et princes du pétrole. La cinémathèque d'Alger possède ou possédait aussi une copie de films rares, comme *Djamila l'Algérienne* de Youssef Chahine (voir chapitre 1, 2) ou *Les Mille et Une Mains* du Marocain Souhel Ben Barka. Mais la conception de cette cinémathèque est surtout intéressante car, comme le dit Boudjemaa Karèche : « Je crois, définitivement, qu'il vaut mieux mettre un film dans la tête des gens que dans une boîte, fût-ce au prix de l'usure d'une copie. »

Pour ce rôle formateur qu'elle n'a cessé d'assumer, la cinémathèque d'Alger devrait servir de modèle. Il semble cependant que dans le projet d'une cinémathèque africaine implantée à Ouagadougou, une conception plus classique prévaut, celle de l'archivage. Cette cinémathèque devrait être panafricaine, axée essentiellement sur les films africains, et destinée à la recherche universitaire. On voit par là comment les mentalités ont évolué pendant les trente années qui sépareront la création de ces deux cinémathèques, celle d'Alger et celle de Ouagadougou. Dans le second cas, il s'agit, selon Filippe Sawadogo, secrétaire général du FESPACO, d'« un travail gigantesque de sauvegarde de nos propres images », fondé sur une revendication identitaire, elle-même justifiée par le sentiment de perte que donne « une Afrique traditionnelle en pleine mutation ».

Pendant ce temps, la création de ciné-clubs destinés à former le public africain reste surtout de l'ordre du vœu pieux, même s'il existe un organisme chargé de cette tâche, la FACISS ou Fédération africaine des ciné-clubs au sud du Sahara.

2. LES JCC, LE FEPACI, LA FESPACO

2.1 Les JCC : Journées cinématographiques de Carthage

C'est à la Tunisie que revient d'avoir créé les premières rencontres institutionnelles entre cinéastes africains du nord et du sud du Sahara. À la Tunisie, ou du moins à un Tunisien, Tahar Cheriaa, qui fait partie du petit nombre de gens dont le rôle a été essentiel dans le développement de ces cinémas. En 1966, alors qu'il n'existe encore que très peu de films et même de réalisateurs, il obtient que se réunissent à Carthage les gens les plus aptes à réfléchir aux perspectives du cinéma africain, du point de vue de ses spécificités, mais aussi de son insertion dans le cinéma mondial. On remarquera que cette double exigence définit une problématique qui n'a rien perdu de sa validité depuis lors.

Les rencontres institutionnelles qui prennent dès lors le nom de Journées cinématographiques de Carthage, ou JCC, réunissent des critiques et des professionnels du monde entier et récompensent les films africains par des prix qui portent le nom carthaginois de « Tanit ». En 1968, Sembène Ousmane avec *La Noire de...* (1966) reçoit le Tanit d'or des premiers JCC. En 1972, le Tunisien Ridha Behi obtient le prix de la Critique arabe et le prix de la Critique internationale pour son court métrage *Les Seuils interdits*. Le Mauritanien Med Hondo reçoit lui aussi un Tanit d'or pour *Les «Bicots-Nègres », vos voisins*. Ces exemples montrent le parti pris des JCC, qui est de soutenir des films audacieux politiquement et à tous égards, parfois en difficulté avec la censure de leur pays, quoique ou parce que consacrés à des problèmes spécifiques du continent africain.

On constate aussi qu'il y a eu aux JCC des rencontres extrêmement fructueuses, d'une part entre cinéastes d'Afrique et du Maghreb, d'autre part entre ceux-ci et des représentants du cinéma mondial. Cette entreprise de désenclavement est particulièrement indispensable pour les créateurs, en un temps où les idéologies officielles sont souvent d'un nationalisme étroit.

2.2 Le FESPACO et la FEPACI

Dans la même lignée que les JCC, trois ans après la première rencontre organisée à Carthage par Tahar Cheriaa, une autre réunion de cinéastes africains eut lieu à Ouagadougou, à l'occasion d'une « semaine du cinéma ». Dans l'enthousiasme, les participants décidèrent de se réunir à nouveau l'année suivante, en 1970, puis tous les deux ans, pour un FESPACO ou Festival panafricain du cinéma de Ouagadougou. Le FESPACO devient très vite une institution connue, dont le rôle est essentiel pour la reconnaissance et la promotion des cinémas africains. Dans le pays même, le FESPACO n'a été doté de statuts que grâce à la pugnacité du ministre de l'Information de l'époque, Bila Zagré, bientôt soutenu par un directeur national du Cinéma, Adam Konaté. Mais ce sont les cinéastes africains qui dans leur ensemble ont donné corps au projet de promouvoir Ouagadougou comme capitale africaine du cinéma, par exemple en prêtant leurs films gratuitement pour qu'ils soient projetés dans les salles de cette ville.

En 1969, la « semaine du cinéma » de Ouagadougou avait permis de réunir dix-huit films africains, originaires de cinq pays. Dès l'année suivante, ce sont neuf pays qui participent, et on peut y voir une quarantaine de films courts ou longs.

Le FESPACO ne pouvait exister sous ce nom que comme émanation d'un organisme autorisé. Cet organisme se crée en effet en 1970, c'est la FEPACI ou Fédération panafricaine des cinéastes, qui opère, dès ses débuts, un regroupement à peu près complet de toutes les associations préexistantes. De la FEPACI ont émané un certain nombre de textes et de règlements, mais surtout le sentiment d'un soutien actif et dynamique pour tous les cinéastes qui en sont membres. À l'origine, on y trouve le nom des pères fondateurs tels que Sembène Ousmane, Paulin Soumanou Vieyra, Mustapha Alassane, Med Hondo, Souleymane Cissé, etc.

En 1970 se crée à Niamey l'Agence de coopération culturelle et technique ou ACCT, dans laquelle Tahar Cheriaa joue un rôle important en ce sens qu'il assure le lien entre cet organisme et la FEPACI. Cette Fédération peut ainsi acquérir des structures de production et de distribution dont le siège est à Ouagadougou. La ville bénéficie aussi d'un Consortium inter-africain du cinéma (CINAFRIC), qui fournit aux réalisateurs les moyens techniques (locaux et matériel) dont ils ont besoin.

Cependant, et si l'on en croit un homme aussi bien placé que Tahar Cheriaa pour porter un jugement, cette accumulation de circonstances favorables n'a pas eu les effets durables qu'on aurait pu espérer. Il n'est pas question de mettre en cause ni le nombre, ni la valeur des réalisateurs, ni la valeur de leurs réalisations. Mais il semble que les problèmes soient de deux ordres, le financement d'une part, le public de l'autre – l'un comme l'autre continuant à n'être que très faiblement africains. Sur le premier point, Tahar Cheriaa donne un chiffre impressionnant : il considère que le financement et la confection de ce qu'on appelle « les "chefs-d'œuvre du cinéma africain" sont de 80 à 100 % dus à des structures extra-africaines ». Sur le second point, il donne un exemple non moins parlant, pour appuyer l'idée selon laquelle l'éventuel succès des films africains en Afrique n'est que la retombée de leur succès en d'autres lieux. Ce succès n'est ou ne serait pas plus imputable à la production africaine que celui des films de Roman Polanski ne l'est au cinéma polonais, ou celui des films de Milos Forman au cinéma tchèque, etc.

2.3 Autres institutions

Il est cependant incontestable que les cinémas d'Afrique doivent beaucoup à ces institutions qui ont attiré l'attention sur eux depuis plus de vingt-cinq ans et continuent à fonctionner. À côté de celles qui viennent d'être évoquées, on pourrait en ajouter quelques autres (en général représentées par des sigles). Bien qu'elle ne soit pas exhaustive, voici la liste qu'a constituée François

Vokouma pour un article intégré dans l'ouvrage collectif intitulé *L'Afrique et le centenaire du cinéma*, édité par la FEPACI et paru en 1995 :

AFRAM - Filiale de la West Africa Export Co Inc.

CIDC - Consortium interafricain de distribution cinématographique.

CIPROFILM - Centre interafricain de production de films.

OBECI - Office béninois du cinéma.

OCINAM - Office du cinéma national malien.

SIDEC - Société d'importation, de distribution et d'exploitation cinématographiques.

SONACIB - Société nationale d'exploitation et de distribution cinématographiques du Burkina.

SONIDEC - Société nigérienne de distribution et d'exploitation cinématographiques.

3. LES PRIX

Bien qu'on trouve toujours à leur origine une revendication nationale et la volonté de produire des images identitaires, il est certain que ces institutions ont contribué à faire émerger les cinémas d'Afrique sur la scène mondiale. Indépendamment des prix attribués aux JCC ou par le FESPACO, les films d'Afrique et du Maghreb ont été salués dans d'autres festivals et récompensés par d'autres prix. *Chronique des années de braise* de Mohammed Lakhdar-Hamina (1975) a reçu la Palme d'or du festival de Cannes, sans doute pour équilibrer et compenser le Lion d'or de Venise qui avait été attribué à Gillo Pontecorvo en 1966 pour son film *La Bataille d'Alger* – un prix que certains avaient considéré comme chargé d'intentions anti-françaises.

En 1987, *Yeelen* du Malien Souleymane Cissé obtient le prix spécial du Jury au festival de Cannes – tandis que le prix équivalent est attribué l'année suivante à Venise au *Camp de Thiaroye* des Sénégalais Sembène Ousmane et Thierno Sow – et peut-être faut-il songer là aussi à des intentions du même genre que pour *La Bataille d'Alger*. Le problème principal est que ces nominations ne sont plus tout à fait récentes, et que depuis quelques années, on attend en vain les films d'Afrique et du Maghreb primés dans les festivals de Venise ou de Cannes.

4. LA CENSURE

La faiblesse quantitative de la production maghrébine et africaine est-elle l'effet d'une censure morale, politique ou religieuse ? La montée des intégrismes pourrait donner à penser que la censure religieuse est en plein développement, et il est bien certain que la crise du cinéma algérien s'explique en partie par là. On sait par exemple que déjà en 1987, pour son film *Houria* tourné à Constantine, Sid Ali Mazif eut de grandes difficultés avec les milieux intégristes très importants dans cette ville. Cependant, dans un article de 1995 sur « Cinéma et libertés en Afrique », l'un des meilleurs connaisseurs dans ce domaine, le cinéaste tunisien Férid Boughedir, nous invite à porter un jugement nuancé :

> Abordant le domaine particulier du cinéma en Afrique, force est de constater qu'à l'exception de deux pays (l'Égypte et l'Afrique du Sud) où le cinéma est réellement constitué en industrie, les autres pays en sont toujours, plus de trente ans après leur indépendance, à abriter dans le meilleur des cas un cinéma de type artisanal [...] dont la principale caractéristique reste l'absence d'un véritable marché de diffusion sur le continent africain [...].
> Or on ne censure véritablement que ce qui risque d'avoir une large diffusion, ce qui risque d'« atteindre les masses ». C'est pourquoi il faut paradoxalement reconnaître que les jeunes cinématographies africaines subissent, toutes proportions gardées, moins souvent la censure qu'ailleurs, et surtout que cette censure est la plupart du temps sans commune mesure avec celle bien plus stricte que subissent les télévisions du continent qui, elles, pénètrent directement dans les foyers.

Il est certain que dans les années 1970, et jusqu'au début des années 1980, le cinéma a été senti par certains pouvoirs comme dangereux politiquement, par les problèmes qu'il soulevait et que les idéologies officielles ne voulaient pas prendre en compte. Le Marocain Souhel Ben Barka a eu des ennuis avec la censure pour *La guerre du pétrole n'aura pas lieu*

(1975), un film qui montre comment certains États dits nationaux sont complices des multinationales pour exploiter les ouvriers. De même pour *Les Mille et Une Mains* qui dénoncent l'exploitation de la main-d'œuvre rurale par le capital.

De manière comparable et dans les mêmes années, le Tunisien Ridha Behi, qui avait attiré sur lui en 1972 l'attention de la censure pour *Les Seuils interdits*, se voit refuser l'autorisation de tournage pour *Soleil des hyènes* (1976), un film contraire aux objectifs officiels visant à développer le tourisme en Tunisie. C'est la raison pour laquelle le film a été tourné au Maroc, et évite de donner toute précision géographique sur le village de pêcheurs qui est le lieu de l'action.

Au début des années 1980, *Le Vent* de Souleymane Cissé ne pouvait manquer de provoquer la censure puisqu'il est largement consacré à une révolte d'étudiants contre l'autorité militaire qui tient le pouvoir dans le pays. Par chance, le film fut développé en France, faute de pouvoir l'être au Mali, où il n'y avait pas de laboratoire. Souleymane Cissé décida alors de le faire connaître le plus largement possible hors du Mali, et le film rencontra partout, y compris au festival de Cannes, un grand succès. À l'abri de ce bouclier, *Le Vent* put revenir à son origine, et être projeté au Mali.

Le cas de l'Algérie est particulier, parce que l'idéologie officielle et nationaliste s'y est montrée très tôt vigilante autour des représentations de la guerre d'Algérie. En 1973, Farouk Beloufa et Yazid Khodja codirigent un film collectif, *La Guerre de libération*. Il sont accusés par la censure d'« avoir emprunté une démarche marxiste et par là même mystifié l'histoire de l'Algérie combattante ».

Lorsque Merzak Allouache veut réaliser *Omar Gatlato,* il présente un scénario qui transforme son film en comédie banale et anodine, et obtient ainsi le droit de tourner. Son succès fait école et la censure commence alors à admettre qu'il faut laisser passer des œuvres de styles variés. Mais à la fin des années 1980, les intégristes prennent le relais de l'État militaire et nationaliste. En 1990, Mahmoud Zemmouri a beaucoup de mal à tourner *De Hollywood à Tamanrasset,* et sa réputation d'humoriste ne peut qu'aggraver son cas.

Avant même l'action des intégristes, le monde arabe connaît une censure morale, qui s'exerce dans – ou contre – la représentation de la sexualité. En 1987, un critique algérien disait n'avoir pas vu un seul baiser dans le cinéma de son pays. C'est le moment où se développe en Tunisie (voir chapitre 7) un cinéma audacieux à tous égards, qui se voit lui aussi censuré. *L'Homme de cendres* de Nouri Bouzid (1986) subit des coupes là où il est question du viol subi dans son enfance par le héros et des difficultés sexuelles qui s'ensuivent pour lui avec les femmes. Dans *Les Sabots en or* (1988) du même auteur, une scène d'amour est également censurée. Mais il est vrai qu'une audace ne va jamais seule et que les cinéastes qui en font preuve dans la représentation des mœurs sont aussi les plus courageux politiquement. Dans *L'Homme de cendres*, lorsque le jeune héros va rendre visite à un vieux juif tunisien dont les enfants sont partis en Israël, un plan qui montrait une étoile de David a été supprimé. Et dans *Les Sabots en or*, lorsque le héros, militant politique de gauche, est torturé par la police politique de son pays, les scènes ont été si manifestement coupées que le spectateur le moins averti s'en aperçoit.

Cependant, face à cet état de fait, on peut penser que le plus grave consiste dans l'autocensure à laquelle les réalisateurs sont tentés de se livrer pour éviter les pertes de temps, d'argent et d'énergie. Ce même critique qui dit ne pas avoir vu un seul baiser dans le cinéma algérien dit également qu'aucune loi, pourtant, ne l'interdit. Il explique fort bien ce qu'il en est dans les pays arabes, où le pouvoir, en tant que générateur d'autocensure, s'exerce de manière beaucoup plus subtile et insaisissable qu'en Occident :

> Par Pouvoir, je n'entends pas l'expression, brutale ou légitime, d'un groupe de dirigeants au sommet, ni l'expression de groupes de pression susceptibles, comme c'est le cas en Occident, de constituer des contre-pouvoirs. Je désigne toutes les formes, explicites ou implicites, formulées ou non, qui introduisent dans la pratique cinématographique des détournements de sens, des silences forcés, des hors-champs extra-cinéma, des reniements obligés, des compromis transitoires et toutes sortes de concessions qui altèrent fondamentalement la conception première et la réalisation d'une œuvre, dès le départ handicapée.

À cette analyse lucide et bien informée, on ne peut ajouter en guise de consolation qu'un constat : les limites imposées et les silences forcés peuvent être aussi, dans le meilleur des cas, un stimulant pour l'invention et un défi pour la créativité. Et pour reprendre l'exemple de *L'Homme de cendres,* de Nouri Bouzid, le frémissement constant qui anime le film de l'intérieur n'est pas dû qu'à la sensibilité inquiète de l'admirable jeune acteur Imad Maalel ; il vient aussi du frôlement continuel avec des sujets tabous, impossibles à aborder directement mais d'autant plus présents qu'ils sont sous-jacents et toujours au bord de l'émergence. Mouny Berrah en fait judicieusement la remarque :

> Au moment même où les bombardiers israéliens piquaient sur la banlieue de Tunis, Nouri Bouzid terminait, à quelques kilomètres de là, *L'Homme de cendres* où Lévy, l'ancêtre, se meurt à l'abri des indestructibles remparts de Sfax tandis que ses petits-enfants construisent Israël.

Elle voit dans cette rencontre, ou dans ce croisement, un « point de lecture obligé » du film.

5. FEMMES RÉALISATRICES

Dans les pays d'Afrique, le problème de la femme et de son accession à certains emplois se pose, on le sait, de manière différente mais non moins importante au nord et au sud du Sahara. Cela pourrait être une des causes de la faiblesse dont souffrent les cinémas de ces pays que d'avoir très peu de femmes réalisatices. Il faut donc apporter quelques informations sur ce point, en rappelant d'abord que la proportion de réalisatrices reste infime dans tous les autres pays et continents aussi bien. En France par exemple, si leur nombre aujourd'hui semble se multiplier, ce n'est que depuis très récemment ; ce qui fait qu'à cet égard et toutes proportions gardées, il n'y a pas de différence essentielle avec ce qui se passe pour les cinémas africains. Que l'on songe par exemple au grand succès obtenu en 1994 par le film de la Tunisienne Mounira Tlatli, *Les Silences du palais.*

Cependant, il est vrai qu'en Afrique comme au Maghreb, pendant de nombreuses années, chaque pays ne parlait que d'*une* femme cinéaste.

Pour l'Afrique, c'était la Sénégalaise Safi Faye, pionnière parmi les pionniers. Cependant sa *Lettre paysanne* (1975), par le sujet qu'elle abordait, ne pouvait manquer d'attirer répression et sanction. On y montre des paysans obligés de cultiver l'arachide pour l'exportation plutôt que le mil pour leur consommation. Ceux qui ont eu la chance de voir le film n'oublient pas le gros plan d'un visage de vieillard, portrait gigantesque du grand-père de Safi Faye, mort juste après le tournage. Pour le Maghreb, c'était Assia Djebar, dont les deux films, *La Nouba des femmes du mont Chenoua* (1978) et *La Zerda ou Les Chants de l'oubli* (1980), sont inscrits au cœur d'une abondante production littéraire. Dans un roman récent et largement autobiographique, *Vaste est la prison*, Assia Djebar revient sur le tournage du premier de ces films et montre comment ce travail lui fit ressentir sa spécificité de femme, de plusieurs façons. On serait tenté de croire que cette spécificité ne l'a pas aidée, concrètement et matériellement, puisque depuis 1980, elle n'a pas continué son œuvre par les voies du cinéma.

L'émergence du cinéma tunisien a permis le passage à la réalisation de Mounira Tlatli qui a été longtemps monteuse ou collaboratrice, à divers titres, de cinéastes connus de cette école. Avec *Les Silences du palais* (1994), elle assume sa place particulière de femme au sein du groupe, s'attachant aux contrastes entre ses deux héroïnes, la mère et la fille, celle qui a connu la vie communautaire, dépendante et protégée, de la génération antérieure, et celle qui choisit volontairement la solitude, si dure, de l'époque contemporaine. Est-ce le prix qu'elle a dû payer elle-même pour faire sa place dans la carrière cinématographique ?

Margaret Fombé, réalisatrice au Cameroun, fait remarquer que « Les femmes africaines ayant quelque succès dans la réalisation audiovisuelle ou les médias en général sont soit célibataires, soit divorcées », ce qui est évidemment révélateur des obstacles qui s'opposent à leur entrée dans cette profession. Cependant elle est elle-même mariée et cite au moins deux autres femmes qui le sont également au sein d'une courte liste d'une quinzaine de réalisatrices africaines ; nous reproduisons partiellement cette liste, en la limitant à l'Afrique francophone : Tunisie : Selma Baccar. Burkina

Faso : Aminata Ouédraogo et Franceline Oubda. Mali : Kadiatou Konaté. Cameroun : Margaret Fombé.

Il est possible que Margaret Fombé pense surtout à des réalisatrices de télévision, ce qui expliquerait certaines lacunes dans sa liste. De toute manière, il est évident que la liste est courte, et que ce début est encore de l'ordre du balbutiement. La comédienne béninoise Nafissatou Latoundji exprime à cet égard la réaction féminine attendue :

> Il me semble que le cinéma africain après près d'un demi-siècle de vie est encore aujourd'hui malade de son infantilisme masculin. Il a besoin, en ce début du deuxième siècle du cinéma, pour amorcer un développement rapide et graver de manière indélébile son identité sur le grand tableau de l'universel, de s'exprimer par l'imaginaire de la femme africaine ; car en Afrique noire mieux qu'ailleurs, la femme a son mot à dire par la technique de l'image et du son, dans la mesure où il n'y a pas de secteur de la vie où elle ne joue de rôles historiques.

Cette comédienne a raison d'expliquer ensuite qu'en Afrique on en revient toujours au même problème, celui de la formation universitaire et scolaire, générale et professionnelle. Le métier de cinéaste s'apprend, comme les autres, et il faut que les filles aient accès à cette formation.

6. ACTEURS RÉALISATEURS

S'il est vrai que l'Afrique n'a que peu de moyens professionnels pour assurer la formation des réalisateurs, il semble en revanche que le passage du métier de comédien à celui de réalisateur y soit plus fréquent qu'ailleurs, et que le problème de la formation se trouve partiellement résolu de cette manière. On constate ce passage dès le début du cinéma africain, lorsque le Nigérien Oumarou Ganda, interprète favori de Jean Rouch, devient lui-même réalisateur. Mais il en est ainsi pour des cinéastes beaucoup plus connus, qui se trouvent avoir été des comédiens auparavant. C'est le cas de Désiré Écaré et d'Henri Duparc en Côte d'Ivoire et du Sénégalais Djibril Diop-Mambéty qui fut acteur sous la direction de Daniel Sorano. Sans parler de Med Hondo, qui a lui aussi une double carrière de comédien et de réalisateur. On trouverait des exemples du même ordre dans tous les pays africains, ce qui est le signe d'une grande souplesse et d'une créativité multiforme. Les catégories professionnelles ne sont pas enfermées dans la définition stricte de leur rôle.

Souleymane Cissé, à propos du tournage de *Yeelen,* montre comment un réalisateur africain se met à l'écoute de ses acteurs et enrichit son film de tout un apport qui provient d'eux. Le travail commence avec le choix des comédiens, et l'on dit que S. Cissé explora tout l'intérieur du Mali pour trouver des gens aptes à entrer d'eux-mêmes dans les rôles qu'il leur destinait. C'est ainsi que pour jouer Soma, un personnage initié à une très ancienne société secrète des Bambaras, il trouva un vieil homme qui connaissait des secrets et des rituels de cette sorte. Au cours des soirées que le metteur en scène passa avec ses comédiens, il écouta les récits et les chants du vieil homme, tissés d'histoires où le réel et l'imaginaire ne se distinguent pas :

> Le vieux continuait toujours à chanter et tout le monde sait que dans le pays mandingue, le chant des Somas est profond et son langage mystérieux. Ils disent que les paroles remontent trop loin pour la mémoire des hommes, ils en connaissent le ton, ils en connaissent les effets et ils en connaissent la signification. Son chant profond s'éleva et s'amplifia dans la falaise, et l'on sentait que tous se taisaient et tous écoutaient, y compris le metteur en scène.

L'évocation d'une telle scène permet de mesurer l'originalité et la chance des cinémas africains.

5

COMPLEXITÉ DES PROBLÈMES, UNITÉ DES ŒUVRES APRÈS 1980

Après 1980, les cinémas d'Afrique et du Maghreb reflètent une évolution prévisible et dont on se dit que finalement, elle s'est accomplie assez vite – en dépit des stagnations (voire des régressions) économiques. La prise de conscience qui se manifeste dans ces cinémas – à la différence de ce qui se passe dans les discours officiels – c'est qu'on ne peut s'en prendre indéfiniment au colonialisme et au néo-colonialisme, ni même à leur collusion avec les gouvernements nationaux, pour expliquer les malaises de la société. Non que ces fléaux soient devenus négligeables, mais l'idée se fait jour qu'il faudrait sans doute les aborder autrement, et qu'il est urgent de conquérir mentalement, visuellement, une mobilité : un autre regard...

1. PLACES EN CREUX ET APPELS D'AIR

Mobilité souhaitable sans doute, contre fixités et fixations. Mais de toute façon, le constat fait par plusieurs films, c'est qu'elle existe déjà, sous sa forme négative et dégradée, qui est le sentiment existentiel de non-appartenance, de non-insertion. C'est ce que dit le film précurseur de l'Algérien Farouk Beloufa, *Nah'la* (1979). On y voit un journaliste algérien à Beyrouth, qui était alors le lieu des interrogations les plus angoissantes pour le monde arabe tout entier. À Beyrouth, certains Arabes comme le héros du film ont pu espérer trouver le lieu d'un combat suffisamment important pour justifier leur engagement et donner sens à leur vie. Cependant, la ville symbolise aussi une sorte de guerre absurde, fondée plus encore sur l'autodestruction que sur la destruction. Et ce n'est en tout cas pas là que le journaliste algérien trouvera une réponse à ses questions existentielles. La notion d'identité, qui semblait alors au cœur de toute recherche, se perd pour le sujet qui ne découvre que son étrangeté.

Le sentiment de perte est symbolisé dans le film par le destin d'un autre personnage, la chanteuse palestinienne Nah'la, qui perd la voix et se fait récupérer par les princes du pétrole. Le film a été perçu en son temps comme un manifeste d'avant-garde, d'autant qu'on y voit plusieurs personnages féminins de militantes qui, au lieu d'adhérer comme une seule femme au mot d'ordre reçu, suivent au contraire les voies différentes que leur suggèrent leurs sensibilités.

Le message de *Nah'la* s'est trouvé confirmé en 1982 par le film du Tunisien Mahmoud Ben Mahmoud *Traversées*. Le réalisateur, formé en Belgique, situe l'une des traversées dont il est question dans un car-ferry qui circule entre la Belgique et l'Angleterre. Il y a à bord deux « étrangers », dont un Arabe, qu'aucun des deux pays ne laissera débarquer. Le traitement de ce fait divers par le film n'est ni politique ni sociologique ; encore moins anecdotique, ou alors, il s'agit d'une anecdote métaphysique, au sens où l'on emploie le mot pour le théâtre de Samuel Beckett. Youssef est un Arabe errant, figure qu'il faudrait songer aujourd'hui à substituer à celle du juif errant. Il n'a pas de repère, et il erre aussi entre les langues, répondant en anglais quand on l'interroge en français. Le film de Mahmoud Ben Mahmoud est intéressant parce que, sans gommer l'impact du passé colonial, si présent dans les œuvres de la génération précédente, il le traite comme une place en creux, une béance, comme disent au même moment certains écrivains maghrébins. Sur tous ces points, il serait d'ailleurs intéressant de mettre en rapport le réalisateur tunisien et l'écrivain marocain Abdelkébir Khatibi, qui les aborde dans ses romans ou essais.

La caractéristique générale du cinéma algérien est d'être concret, attaché aux problèmes sociaux et politiques de l'ici et maintenant. En 1985, Ahmed Rachedi s'inscrit dans cette lignée avec *Le Moulin,* mais son film montre qu'à partir d'un fait divers local, on peut se retrouver très loin du point de départ, par exemple au cœur d'une réflexion sur le fonctionnement de la démocratie. La nationalisation d'un moulin de campagne déclenche des polémiques où l'on peut voir, d'abord, une critique du régime de Ben Bella. Critique multiforme, qui ne s'adresse pas qu'au seul président. Du côté de l'État, la démocratie est bloquée par un chef qui s'adjuge le rôle de *zaïm* et de père. Du côté du peuple, le blocage vient du parti unique et du syndicat qui sont supposés le représenter. Pour ce qui est des intellectuels ou journalistes, le moins qu'on puisse dire est qu'ils ont du mal à se constituer en force indépendante des thèses officielles. L'intérêt du film comme spectacle et comme représentation, c'est qu'au-delà de tout ce qu'on entend dire à son propos, il fonctionne aussi à partir d'une sorte de place en creux, qui est justement celle de la démocratie. En quoi il a une parenté avec le film de Mahmoud Ben Mahmoud que nous évoquions précédemment.

Ce type de fonctionnement à partir d'un vide permet de passer des films démonstratifs de la période antérieure aux films problématiques des années à venir. À cet égard, il y a au début des années 1980 une convergence entre des films de différentes provenances dont on a envie de dire qu'ils constituent des « appels d'air ». Ce qui permet de joindre aux précédents *Finye* ou *Le Vent* (1982) de Souleymane Cissé.

Comme *Le Moulin*, *Le Vent* est inspiré partiellement de faits réels, une révolte d'étudiants et de lycéens contre les militaires qui gouvernent le Mali dans ces années-là. Mais le problème n'est pas de savoir qui est vaincu ou vainqueur au terme de l'événement ; et d'ailleurs, s'il fallait envisager les choses sous cet angle-là, on pourrait dire que tout le monde échoue. Le film se refuse au schématisme, ce qui peut se voir, par exemple, à la manière dont sont traitées les scènes de foule en colère : on est très loin de la conception épique qui caractérisait le cinéma soviétique et ses émules ; le souffle – et souffle il y a, comme le titre l'indique – est en effet beaucoup plus proche de celui du vent. Il n'est pas moins agissant pour autant et peut-être même plus radical encore, mais son action passe par des mutations individuelles, un peu à la manière de ce qui se passe dans *Théorème* de Pier Paolo Pasolini. On voit dans *Le Vent* un vieillard qui brûle son habit sacré et qui se joint dans la rue aux jeunes en mouvement en leur criant : « Vous êtes l'avenir. » Or, ce vieillard incarne l'héritage spirituel africain, et rien ne dit qu'il y renonce lorsqu'il se conduit ainsi. Au contraire, ce sont les dieux qui l'y poussent ou qui du moins l'incitent à suivre sa propre initiative. Ainsi commence une ère nouvelle, sans maître ni doctrine : il faut se réinventer soi-même et réinventer le monde à partir d'un retour à l'origine.

2. RETROUVER L'ORIGINE

La volonté d'un retour à l'origine se manifeste dans *Wend Kuuni* (1982) de Gaston Kaboré par l'invention d'un personnage amnésique, ou en tout cas incapable de formuler sa mémoire, ni pour lui-même ni pour les autres, parce qu'il a perdu l'usage de la parole. C'est un enfant trouvé, qui a été adopté par de braves villageois et devient le berger de leur troupeau. Il est évident que ce jeune garçon est intelligent, et même remarquablement. Tout permet de supposer qu'il a perdu la parole à la suite d'un traumatisme grave – le début du film donne assez d'éléments au spectateur pour l'imaginer, et le dénouement vient préciser ce qu'on avait pressenti.

Ce qu'on voit entre ces épisodes de violence, vécue ou remémorée, est tout à fait d'un autre ordre. Ce sont les longues et paisibles journées que le jeune berger passe dans la brousse avec chèvres et moutons, et bientôt avec la flûte qu'il s'est fabriquée. La signification du film n'est pas un message, elle est ce dont on s'imprègne en le regardant. *Wend Kuuni* nous fait voir et entendre comment le mode de vie pastoral, ses silences et sa musique, permet que s'opère peu à peu, en douceur, la guérison du traumatisme qui avait rendu l'enfant muet. Les images, d'une grande qualité, sont équilibrées par une bande son non moins remarquable, où le chant de la flûte se mêle aux bruits de la nature, d'une manière qui n'est jamais ennuyeuse, et toujours apaisante. Là est le sens profond du film, qui en cela n'est ni anec- dotique, ni sociologique. Les rythmes si sûrs de la vie villageoise permettent à Wend Kuuni (« le don de Dieu ») de remonter hors des gouffres obscurs vers la conscience claire ; c'est de cela qu'il avait besoin, de ces effets que le spectateur ressent lui aussi comme incomparablement bienfaisants.

Dans l'histoire du cinéma burkinabé, qui prendra bientôt un essor excep- tionnel (voir chapitre 6), le film de Gaston Kaboré joue un rôle pionnier, il est devenu référence et modèle pour tout un ensemble d'églogues qui ont voulu en retrouver le charme et la beauté. L'églogue africaine reprend la structure du conte, qui est un genre traditionnel en Afrique. Comme la plupart des contes, *Wend Kuuni* est orienté vers l'entrée d'un et même de deux adolescents dans la vie, puisque l'enfant muet a trouvé une sœur adoptive, Pognéré, dans sa nouvelle famille. Comme dans les contes pour enfants, cette sorte de dédoublement permet d'offrir au jeune public deux types de personnage enfantin, celui en qui il se reconnaît, avec ses défauts plus ou moins bénins que les parents réprimandent – ici c'est Pognéré – et celui auquel il voudrait s'identifier, parce qu'il est en tout point digne de confiance et de sympathie – c'est Wend Kuuni.

Cependant, le fait qu'on y retrouve des éléments et même la structure générale d'un conte ne suffit pas à expliquer l'effet produit par le film, son prestige et son influence. C'est une certaine manière de dire l'Afrique et l'africanité qui fait que le film a été senti comme novateur (en dépit de son archaïsme volontaire) et convaincant. Et ce parce qu'il ne cherche justement pas à nous montrer un passé grandiose, pendant lequel le pays eût été puissant. On sait seulement que l'histoire se passe bien avant l'arrivée des Blancs, aux beaux jours de l'empire Mossi, lorsque les villages de cette région étaient prospères et que le gens vivaient bien. Contrairement à ce que laisseraient croire certains mythes primitivistes d'origine européenne, les gens n'en devaient pas moins déployer une grande activité pour survivre, et la paresse était combattue comme un vilain défaut. Le film ne cherche pas non plus à idéaliser le mode de vie de l'époque, et l'on assiste à des drames, comme celui que vit l'un des villageois qui, bafoué par sa femme, en vient à se suicider.

Si le film parvient, sans discours explicite, à nous remplir d'admiration et de nostalgie pour la vie traditionnelle africaine, c'est en inventant des moyens qui lui sont propres, et qui sont de l'ordre de la temporalité. En nous montrant lentement les êtres et les paysages, avec amour et avec soin, selon des rythmes à la fois quotidiens et saisonniers, il nous fait comprendre que la liberté ou l'autonomie existent d'autant mieux qu'on n'a pas besoin de les nommer, encore moins de les revendiquer. Chacun dans ce village, homme ou bête, semble savoir, par l'effet d'un pur instinct, ce qu'il convient de faire, au moment voulu, sans arbitraire, par l'effet d'un savoir

ancestral. Ce rythme tranquille, sans hâte et sans à-coups, est rendu beaucoup plus perceptible par le film qu'il ne pourrait l'être par aucune autre
forme d'expression.

Gaston J.M. Kaboré a le courage de nous montrer non seulement ce qui
faisait l'essence de cette vie, dans ce qu'elle avait de meilleur et d'inimi-
table, mais aussi les raisons pour lesquelles elle était menacée de l'intérieur.
Le traumatisme de l'enfant trouvé est lié à l'histoire de sa mère Koudbila,
morte par fidélité à l'amour conjugal. Son mari chasseur ayant disparu
depuis treize mois, le clan lui impose de se remarier. Elle voudrait attendre
son mari, mais il n'y a pour elle aucune autre possibilité d'échapper à la loi
traditionnelle que la fuite, ce qui à court terme veut dire la mort. Koudbila
cherche refuge avec son fils près d'un autre village éloigné du sien, mais
elle y reste étrangère donc suspecte, et bientôt accusée d'être sorcière.
Lorsqu'on brûle sa maison, elle part avec son enfant sur le dos jusqu'au
moment où elle meurt d'épuisement. L'enfant court longtemps puis tombe
et dort. À son réveil, un voyageur est penché sur lui. Il est devenu un « don
de Dieu » – Wend Kuuni – et il est muet.

Le film, dans sa grande simplicité apparente, parvient à dire sur
l'Afrique traditionnelle deux choses à la fois, et sans donner pour autant
leçon ni message. La transparence du récit fait qu'à partir d'un très petit
noyau d'événements évoqués, on peut élargir l'histoire d'un enfant africain
à celle du continent tout entier. Traumatismes et violences lui ont fait perdre
la parole, dans un passé dont les Africains ne parviennent pas à se délivrer,
faute de pouvoir le formuler clairement, car il y a trop de faits oubliés,
occultés, devenus plus ou moins inconscients. D'autres traumatismes plus
récents ont eu pour effet de leur rendre mémoire ou parole, mais le passé
retrouvé n'est pas un trésor qu'il faut vénérer passivement et comme par
l'effet d'un nouveau fétichisme. Dans ce legs sont inclues les raisons pour
lesquelles ce continent s'est parfois cruellement autodétruit. Ces raisons
sont à analyser avec soin et non en vertu de nouveaux discours totalisants.
Même le discours féministe, suggéré par les malheurs de Koudbila, se
révèle moins adapté lorsqu'il s'agit de Timpko, la femme qui bafoue son
mari et le pousse au suicide. Encore que Timpko ait elle aussi ses raisons de

se révolter. Ainsi va la réflexion qui anime le cinéma africain d'un souffle nouveau. Il n'y a pas de réponses simples à des questions simples, et retrouver la parole perdue n'est pas une fin en soi mais le début d'une nouvelle histoire, qui ne donnera ses chances à l'Afrique que si elle lutte contre les tares du passé.

3. ADAPTATION DU MYTHE, MYTHE DE L'ADAPTATION

Quelques années après *Le Vent,* Souleymane Cissé reprend le personnage du vieil Africain, pour constater que certains de ses représentants n'abandonnent pas si facilement leur habit sacré et refusent avec violence de laisser l'avenir aux jeunes. Le vieillard de *Yeelen,* nous l'avons déjà rencontré (chapitre 4, 6) puisqu'il s'agit de ce comédien si près de son personnage que Souleymane Cissé se laissait envoûter par ses récits, pendant le tournage du film en pays dogon, sur les falaises de Bandiagara. Il est d'ailleurs intéressant d'apprendre ainsi marginalement l'admiration et la fascination que ce vieil homme exerçait sur le réalisateur, car l'image qui en est donnée dans le film semble au contraire très péjorative. Soma, tel est son nom, incarne un père archaïque, farouchement déterminé à détruire son propre fils Nianankoro. Son acharnement est inexplicable, monstrueux, terrifiant. Il renvoie aux aspects les plus obscurs de la mythologie, par exemple à Saturne ou à ce père tribal dont parle Freud dans *Totem et Tabou.* Quand on le voit dépecer pour s'en nourrir un lièvre qu'il a pris dans la forêt, on se dit qu'il aimerait sans doute dévorer son fils de la même façon, comme le fait le Saturne du célèbre tableau de Goya.

Ces références viennent à l'esprit du spectateur européen parce qu'il est nourri de mythologie gréco-latine et non de mythologie bambara. Le caractère encore actif de celle-ci renforce l'ambivalence du personnage de Soma, qui est à la fois terrifiant, voire monstrueux, mais cependant investi d'un pouvoir immense que personne jusque-là n'a osé contester. Les effets de ce pouvoir sont encore intacts et visibles pour tous, c'est pourquoi l'histoire du film est celle des procédures aussi complexes que dangereuses qui sont indispensables pour parvenir à l'éliminer. Il y faudra l'intervention du dieu protecteur de Soma, qui décide finalement d'abandonner son protégé indigne, et le sacrifice de son fils Nianankoro, qui comprend dès le début de l'histoire que tel sera son destin.

Yeelen représente donc la mythologie bambara comme une réalité encore vivante et même en acte, dont le drame fondateur se rejoue sous nos yeux. On ne perçoit pas le film comme un retour en arrière, ni comme la reprise en compte d'un patrimoine religieux qui serait devenu un tout constitué et si l'on peut dire homologué. *Yeelen* nous fait vivre la mythologie bambara comme toujours présente, hors d'un temps désigné. Elle peut donc constituer un modèle pour le traitement de situations contemporaines non moins problématiques que celles du passé ; c'est pourquoi Souleymane Cissé réussit dans ce film ce que la plupart des cinéastes africains souhaitent sans doute faire au même moment : montrer comment et pourquoi la tradition africaine est encore la manière la plus vivante et la plus efficace de se dépasser soi-même sans se renier. Les modalités de ce dépassement ont toujours été incluses dans les histoires qu'elle nous raconte, celles de conflits entre les éléments rétrogrades et les autres, qui se trouvent dans l'obligation de les combattre pour survivre.

La beauté du film est de montrer à la fois les permanences, qui sont inscrites dans le monde naturel, physique et métaphysique, et les changements que les hommes doivent assurer, parce qu'ils sont du côté de l'histoire, c'est-à-dire de l'évolution et du renouvellement. Dans l'histoire de ce pays que nous appelons aujourd'hui le Mali, le film signifie que les éléments bambaras les plus durs, comme cette secte d'initiés à laquelle le père appartient, doivent accepter de se fondre avec l'élément peul pour que le pays survive comme unité supérieure. Les Bambaras sont du côté de l'épopée et de la magie ; ils représentent un monde beaucoup plus fascinant, parce que terrible, que celui des Peuls qui sont du côté humain, trop humain. Il y a au centre du film une scène de confrontation entre l'oncle de Nianankoro, vieux Bambara d'allure légendaire, et le roi peul, que le vieux interpelle en disant « petit Peul » avec suffisance et mépris. Le Bambara démontre la supériorité de sa puissance en hypnotisant le roi peul, comme Nianankoro l'avait fait précédemment avec un guerrier. Néanmoins, on ressent cette puissance comme archaïque, et l'idée se fait jour qu'il faudrait l'intégrer à quelque chose d'autre pour que son dynamisme soit vraiment efficace, sans effets pervers. D'autant que, parmi les faiblesses de la force bambara, il y a le conflit meurtrier du père acharné à tuer le fils. Ce trait est caractéristique d'un certain stade tribal que les Peuls ont dépassé, comme le prouve le roi peul, en donnant l'une de ses épouses à Nianankoro qu'il considère comme son fils.

Nianankoro est à la fois l'auteur d'une évolution nécessaire et la victime sacrificielle sans laquelle la nouvelle société ne peut être fondée. Il sait qu'en assumant le meurtre de son propre père, il s'engage à disparaître lui aussi du même coup, pour que les effets pernicieux de son crime soient évités et exorcisés. Le film raconte l'histoire de ces fusions et de ces nécessités à deux niveaux. L'un est descriptif et événementiel, c'est la trame de l'anecdote, l'autre est à la fois physique et métaphysique, il affleure surtout au début et à la fin du film, qui nous plongent en pleine cosmogonie. Les éléments primordiaux sont le feu et l'eau, le vieux Soma est du côté du feu, qu'il fait surgir à volonté et magiquement pendant les sacrifices, tandis que la mère de Nianankoro est du côté de l'eau, dont elle invoque la déesse, en faisant des ablutions. La lumière, c'est le feu spiritualisé ; celle du soleil qui se lève et que l'on voit au début des films symbolise sans doute la volonté d'accéder à un monde nouveau.

Il est certain que *Yeelen* constitue une œuvre majeure et sans équivalent dans le cinéma africain. Les critiques ont beaucoup parlé à ce propos de Souleymane Cissé comme d'un historien-griot, le film représentant l'équivalent d'un mythe africain oral. Cependant, on a pu montrer aussi que par sa technique cinématographique, il insiste plus sur la fragmentation du mythe que sur son unité. Ce qui voudrait dire que sous le récit mythique, il creuse la dimension humaine de la tragédie – qui est un genre moderne en Afrique.

4. MARIAGES À L'ALGÉRIENNE

Au Maghreb, le cinéma n'attend pas les années 1980 pour montrer le caractère problématique de la condition féminine et pour dénoncer le mariage arrangé ou forcé. C'est l'un des sujets abordés par les films du Tunisien Abdellatif Benamar, tels que *Sejnane,* qui date de 1974. En Algérie, Mohamed Slim Riad s'inspire d'un roman en arabe pour réaliser en 1975 *Le Vent du sud*, où l'on voit une jeune fille contrainte à fuir clandestinement la maison de ses parents pour échapper à un mariage imposé et retourner à ses études. Sid Ali Mazif aborde le même sujet dans *Leïla et les autres,* avant de lui consacrer un grand et beau film, *Houria,* en 1987.

Houria est le prénom de l'héroïne, mais c'est aussi un mot arabe qui signifie indépendance ou liberté. Or, c'est justement à gagner cette indépendance que Houria consacre toute son énergie, alors qu'elle vit dans une famille modeste de Constantine, une ville de l'Est algérien où l'influence des intégristes islamiques s'est exercée plus tôt qu'ailleurs, et de façon prédominante. Cependant, *Houria* est un film marqué par la complexité grandissante des cinémas d'Afrique vers la fin des années 1980 ; il ne s'agit pas seulement de dénoncer, de manière descriptive ou polémique, un problème de société. Le réalisateur choisit pour le dire de l'insérer dans une totalité, celle de la vie vécue par son personnage, et que définit un ensemble de données. Dans le cas de *Houria*, le parti pris de Sid Ali Mazif est de faire un portrait de jeune fille, ou de jeune femme, aussi complet que possible, et le moins attendu possible, à partir d'un sujet qu'on pourrait considérer comme rebattu. On appréhende les situations à travers la sensibilité mouvante du personnage, elle-même reflétée par une série d'humeurs, de gestes, de propos qui restent en suspens. Houria est à la recherche d'elle-même et de solutions qui ne préexistent pas à cette recherche. Elle n'a pas à affronter un problème et un seul, qui constituerait un obstacle massif à détruire ou à contourner, contrairement à ce que croient ceux-là même qui l'aiment et voudraient l'aider. Le film s'attache à la suivre dans ses tribulations et convulsions, en faisant confiance à leur bien-fondé, même sous des apparences légèrement hystériques.

Pour s'en tenir au problème du mariage, tel qu'il se pose pour Houria, la subtilité de Sid Ali Mazif fait que le spectateur, un peu naïvement, s'engage dans un système à deux voies, tandis que Houria, même difficilement et maladroitement, veut affirmer l'existence d'une troisième, pour la faire sienne. Le premier type de mariage, dit traditionnel, est celui auquel se réfèrent la mère et le frère aîné : après le bac, une fille doit arrêter les études, préparer son trousseau et se marier, la solution la plus simple restant d'épouser son cousin germain. Le deuxième type, de conception moderne et sentimentale, est le mariage d'amour que le sympathique Noureddine propose à Houria : « Je t'aime, tu m'aimes, je te demande en mariage, et tout est réglé. » Cependant Houria prend peu à peu conscience que la seule attitude possible pour elle à cet égard constitue un troisième cas de figure, virtuel, incomplètement dessiné. Elle refuse évidemment le premier type de mariage, mais aussi le second, parce qu'elle ne veut se marier qu'en tant qu'être libre, ayant conquis son autonomie. C'est une conquête qu'elle doit faire seule, en réponse à un problème qui n'a rien à voir avec l'amour, et que l'amour ne peut résoudre.

Cette intervention du virtuel, comme contrepoint du réel, permet au film de se construire sur un autre système d'oppositions, qui s'appuie à la fois sur des images et sur le commentaire décalé qu'en font Noureddine et Houria. Ils opposent la ville de Constantine telle qu'elle pourrait être, grâce à son site admirable et à la beauté de son environnement, à la ville réelle, sinistre, sans bonheur et sans joie. Houria est hantée par ce rêve d'un pays heureux, accueillant, où on se promènerait librement, mais en même temps elle se sent incapable d'accéder elle-même à cet amour qu'elle réclame, parce que, comme elle le dit amèrement, elle n'a jamais pu apprendre ce que c'est qu'aimer.

La construction du film, qui montre Houria tantôt dans sa famille, tantôt dehors, permet de comprendre ce que Houria veut dire lorsqu'elle affirme : « Avant d'aimer, je veux apprendre à être libre. » Aucun être humain, surtout pas jeune et fragile, ne peut se construire sur un déséquilibre aussi profond. Mentalement, psychiquement, elle ne peut passer sans risque d'un versant à l'autre de sa vie. Cependant, le film incite à ce qu'on pourrait appeler un optimisme inquiet, parce que son rythme, de façon mimétique, est fait de déséquilibres à chaque fois compensés. En fait, on pourrait dire qu'il y a dans *Houria* deux films qui se déroulent en même temps : Houria luttant contre sa famille qui veut la marier (c'était le sujet de *Vent du sud*) et Houria luttant pour devenir une personne humaine et un sujet autonome (c'est l'ouverture sur des perspectives qui ne sont encore qu'entrevues).

En 1988, l'Algérien Mohamed Chouikh frappe un grand coup – à moins que l'on ne préfère la métaphore du cri-c'est un cri terrible qui se dégage de son film *La Citadelle*, conçu comme une série de métaphores sur la tragédie du mariage à l'algérienne. Côté femme ou côté homme, de toute part, l'oppression et l'absence d'amour sont les fléaux d'une société mortifère. Les murs de la citadelle sont si durs que rien ne semble pouvoir les ébranler, et il n'y a pas d'autre issue, sinon que de se jeter d'en haut dans le vide. La citadelle est un cri de désespoir visualisé et matérialisé, comme Picasso a su le peindre dans *Guernica ;* il serait absurde de demander au film nuances et modulations, alors qu'il se situe à la pointe extrême du tragique. C'est dire aussi que la description sociologique est totalement débordée par une autre sorte de représentation. *La Citadelle* n'est pas un film réaliste et n'appartient pas au cinéma d'intervention, c'est une mise en scène du mal et de la violence, dans un théâtre de la cruauté.

À quoi il faut ajouter que de tels propos ne nient évidemment ni la vraisemblance ni la vérité de ce qui est dit et dénoncé. Mais en 1988, Mohamed Chouikh peut penser qu'il ne suffit plus d'attirer l'attention sur ce « problème de société », alors que tout le monde le connaît depuis longtemps et fait mine de s'en préoccuper, sans que les choses s'améliorent pour autant, au contraire. Avec ce film, ce qui pouvait être considéré auparavant comme un problème, voire un très gros problème, devient comme la figure unique de tout ce qui détruit cette société de l'intérieur, convulsivement, pathétiquement. Au cœur de la citadelle se creuse un gouffre où toute jeunesse, toute beauté, toute force s'engloutit. Les despotes sont sans grandeur, il leur suffit d'être totalement égoïstes et méchants, ainsi que doués d'une intelligence perverse, pour maintenir et cautionner un état de fait qui est à leur avantage exclusif. Les victimes sont des innocents, si faibles qu'ils ne peuvent pas même s'entraider.

La première trouvaille filmique de *La Citadelle* est le site dans lequel le film a été tourné, avec toutes les images à la fois vraies et symboliques qu'il permet. On voit pour commencer une longue procession qui descend du haut de la falaise vers le village, dans une scène de nuit, éclairée par quelques flambeaux. Cette procession conduit les nouveaux mariés jusqu'aux chambres où les attendent leurs épouses. Ils ne les connaissent pas, ne savent pas qui elles sont, pas plus qu'elles ne savent elles-mêmes qui sont les hommes auxquels on les a vendues. Le film nous montre le moment décisif où chacun des époux écarte le voile dans lequel la femme est soigneusement empaquetée. Et c'est un moment de déception, le plus souvent suivi de fureur, et de violence réciproque – qui ressemble à une rage de destruction. On comprend alors que cette longue descente en zigzags était une descente au fond du gouffre, une descente aux enfers.

Vue de jour, el-kalaa (« la citadelle ») apparaît comme un essaim de maisons étroitement collées les unes aux autres. Dure comme un poing fermé, elle est sans issue puisque de toutes parts il y a la muraille de pierre à laquelle les maisons sont adossées. À l'image de ce village, la composition du film est elle aussi très fermée et très dense, et l'on comprend vite, à l'angoisse qui s'en dégage, qu'à la fin de l'histoire il y aura au moins un être faible et sensible que la machine infernale aura broyé. Cet être, c'est Kaddour, un doux rêveur de cette sorte que les gens dits normaux considèrent comme demeurés ou simplets.

Le malheureux Kaddour est victime d'un pseudo-mariage que son père adoptif, un despote pervers, a organisé pour lui. Kaddour, frustré d'affection et d'amour, désirait ardemment le mariage. Mais la femme qui est supposée l'attendre dans la chambre nuptiale, sous tous ses voiles, c'est, ô dérision, le mannequin utilisé dans le magasin de son père pour présenter les vêtements féminins. La raillerie est atroce ; c'est aussi une manière de dire que dans le mariage à l'algérienne, la femme empaquetée pour ses épousailles est traitée comme un objet.

Le choc est si fort et la déception si tragique que Kaddour, lorsqu'il s'en aperçoit, ne peut songer qu'à la mort. Il entreprend une longue marche funèbre jusqu'au bord de la falaise, en portant le mannequin voilé de blanc dans ses bras. Les autres tout autour ne savent que ricaner affreusement. Seule une petite fille tend les bras vers Kaddour au moment où il se jette dans l'abîme. On la retient et elle crie « lâchez-moi ». Cette image de l'enfant hurlant d'épouvante dure pendant tout le générique de fin et encore au-delà.

Les épisodes annexes contribuent à constituer un réseau d'images dérisoires et tragiques. On voit par exemple Kaddour tourner autour d'un marabout, monument ou chapelle dédié à un saint de l'islam, pour demander l'amour de la femme dont il rêve ; pendant qu'il exprime, en tournant comme un fou à l'extérieur du monument, cette demande d'amour désespérée, une femme frustrée, elle aussi en demande d'amour, se tord convulsivement à l'intérieur du même marabout, dans l'espoir que cette crise hystérique la libérera. Dehors ou dedans, chez l'homme comme chez la femme, même douleur et même désir inassouvi. L'un et l'autre sont victimes d'un drame lamentable, celui de l'amour impossible et insatisfait ; mais ils peuvent tourner ainsi indéfiniment, ils ne se rencontreront jamais. *La Citadelle* est un grand film, qui nous parle du mariage à l'algérienne comme d'une parodie dérisoire et d'une farce affreusement tragique.

5. FEMMES AFRICAINES

Finzan (1989), film du Malien Cheikh Oumar Sissoko, veut montrer lui aussi sur le mode d'une dénonciation indignée quelques aspects particulièrement tragiques de la condition féminine en Afrique. Comme *La Citadelle*, c'est un film dramatique et violent, mais il joue tout autrement de l'espace, et il a une tout autre manière de dire que le sort fait aux femmes met plus largement en péril toute la société africaine. L'espace n'est pas celui d'un resserrement dramatique mais celui d'une errance, qui d'abord, il est vrai, tourne en rond, mais débouche finalement sur le départ et l'exil. La mise en péril de la société africaine vient de ce que des hommes qui oppriment les femmes ne peuvent prétendre par ailleurs se défendre en toute légitimité contre l'exploitation économique dont ils sont victimes. Tant que les sociétés villageoises n'auront pas éliminé leur tare intime, qui est l'iniquité du traitement infligé aux femmes, elles ne seront pas suffisamment fortes ni cohérentes pour progresser globalement au profit de tous.

Le film tire ses meilleurs effets de la complexité du problème qu'il pose – car il le dédouble en deux aspects, qui fonctionnent en décalage, et même en contradiction. Ce sont les mêmes personnes, ici les hommes d'un village malien, dirigé par son chef de village, qui ont tantôt tort et tantôt raison ; qui sont tantôt braves, courageux et intelligents, tantôt tyranniques, ignoblement bornés. Avant même de pouvoir y réfléchir et de tenter de dépasser cette apparente contradiction, le spectateur du film la reçoit dans toute sa force, avec une grande intensité.

Les hommes du village sont aux prises, d'une part, avec le pouvoir central, qui est extérieur au village mais vient s'y manifester, d'autre part, avec une crise intérieure (et bientôt avec deux) qu'ils provoquent eux-mêmes en imposant aux femmes des pratiques dont elles ne veulent pas. Dans chacun de ces deux domaines, le réalisateur invente des effets scéniques qui introduisent de nouvelles formes de diversité. Le pouvoir central est représenté par un certain commandant à lunettes, jeune prétentieux d'un style citadin, manifestement ignorant du monde bambara, et qui vient prélever une dîme considérable sur la récolte de grains des villageois. L'opposition entre style citadin-bureaucratique et style paysan-villageois est traitée dans un style volontairement caricatural, comme c'était un peu le cas dans *Soleil des hyènes* de Ridha Behi.

Le chef de village, un vrai Bambara traditionnel, en impose par la dureté intransigeante avec laquelle il résiste aux menaces qu'il subit. En même temps qu'on l'admire, on déplore sa capacité d'obstination, parce qu'on la sait redoutable dans l'autre registre de ses comportements, celui qui consiste à imposer aux femmes une implacable tradition. Nanyuma, devenue veuve, doit épouser le frère cadet de son mari défunt, mais c'est un crétin dont elle ne veut pas. Celui-ci, un certain Bala, est à l'origine d'une situation tragique, mais en même temps, il est présenté comme un personnage parfaitement comique, sorte de « demi-débile », excité et poltron, facile à berner, bravache, matamore, poussant des rugissements, courant à droite et à gauche comme un écervelé, etc. Ces traits récurrents font que le film mêle tragique et bouffonnerie, jusqu'à la farce grossière et scatologique inclusivement. Le public perçoit la complexité des faits sociaux, et jouit d'un spectacle qui ne s'inféode pas au discours idéologique. En échappant à ce diktat, le film – caractéristique en cela de la fin des années 1980 – s'ouvre à une diversité de langages, où l'on retrouve aussi bien l'héritage de Molière que des traditions autochtones.

6. Africanisation

Hyènes (1992) de Djibril Diop-Mambéty vient confirmer, au début des années 1990, un sentiment qui est désormais celui des réalisateurs africains. Au lieu de soumettre des sujets qui leur sont propres, en tant qu'Africains, à des procédés de mise en œuvre venus d'ailleurs, mieux vaut, pensent-ils, prendre des sujets qui sont universels par leur degré de généralité, et les africaniser par leur traitement. Le sujet de *Hyènes* est emprunté à une pièce de théâtre de l'écrivain suisse allemand Friedrich Dürrenmatt : *La Visite de la vieille dame*, pièce qui a été jouée en 1958 et qui a donné lieu à un film tourné en 1964 avec Ingrid Bergman et Anthony Quinn, *La Rancune*, réalisé par Bernhard Wicki en 1964.

On connaissait déjà depuis 1973 les audaces de Diop-Mambéty, son goût du paradoxe et sa capacité inventive. Il les transfère ici sur son personnage féminin, Linguère Ramatou qui, après trente ans d'absence, revient, immensément riche, dans son village de Colobane. Elle avait dû en partir à l'âge de seize ans parce qu'abandonnée et mise enceinte par un certain Draman Drameh. Pour se venger du village en général et de cet homme en particulier, elle fait la proposition diabolique et perverse de donner au village 100 000 millions de francs CFA si l'un de ses habitants tue Draman Drameh.

Le sujet étant connu, il y avait pour le réalisateur un véritable défi qui consistait à ne pas décevoir dans son entreprise d'africanisation. Cela commençait par le jeu des acteurs, qui devaient prendre la relève de ceux de 1964. Or, on s'accorde à reconnaître que Ami Diakhati et Mansour Diouf l'ont fait parfaitement. Cependant, l'africanisation a surtout consisté dans le passage, judicieusement réalisé par Diop-Mambéty, entre l'histoire individuelle telle que Dürrenmatt l'avait conçue, et l'histoire à l'africaine, devenue collective.

Pour le réalisateur, africaniser l'histoire était une certaine manière de rester fidèle à lui-même et à son propre usage des images symboliques. Tous les spectateurs qui se souviennent du troupeau de bœufs conduits à l'abattoir dans *Touki Bouki* le reconnaissent dans le troupeau d'éléphants de *Hyènes,* chassé à travers le désert par la famine. Le titre lui-même, *Hyènes,* relève à la fois de l'africanisation et du passage au collectif. Les reproches qui ont été faits au réalisateur viennent de quelques incongruités, qui se produisent lorsqu'il n'a pas poussé l'africanisation jusqu'au bout. Mais la surprise même qu'a provoquée le choix de son sujet est le signe qu'il a réussi dans sa volonté de provoquer un renversement inédit.

L'ÉCOLE DU BURKINA, APRÈS 1980

Wend Kuuni, le film de Gaston Kaboré, ouvrait brillamment, pour le cinéma burkinabé, la décennie des années 1980. On sait déjà tout ce que ce cinéma doit à un certain nombre d'institutions qui ont leur siège dans le pays et ont fait de Ouagadougou la capitale de l'Afrique à cet égard. Mais encore fallait-il des réalisateurs à la hauteur des possibilités qui leur étaient offertes. Or, deux d'entre eux au moins ont relevé le défi, Pierre Yameogo (*Dunia, Laafi)* et plus encore Idrissa Ouedraogo (*Le Choix, Yaaba, Tilaï*, etc.) sans parler des équipes entières d'acteurs, de techniciens, etc. qui travaillent avec eux depuis une quinzaine d'années. Pendant ce temps sont sortis des films formant école, parce qu'on voit bien qu'une même recherche s'y poursuit, et que cette recherche recourt à des procédés reconnaissables d'un film à l'autre.

1. LE VILLAGE AFRICAIN

La plupart de ces films décrivent un mode de vie villageois, imprégné de temporalité archaïque, sans être pour autant situé précisément dans le temps. Cependant la ville n'est jamais loin, et la vie qu'on y mène est présentée comme une sorte de contrepoint à celle des villages, dans un système qui a plutôt tendance à valoriser ceux-ci. Cette valorisation implique sans doute une idéalisation, mais légère, et qui ne cherche pas à gommer les problèmes de la vie traditionnelle. Il s'agit au contraire de les rendre plus apparents, du fait qu'ils se manifestent dans un contexte peu chargé d'événements, où ils ont le temps d'émerger en pleine lumière et de se poser dans toute leur force avant qu'on n'atteigne le dénouement.

Les villages africains ont été le lieu où s'est développée, pendant des siècles et même des millénaires, la civilisation de ce continent. Les problèmes de la vie en groupe s'y sont posés dans un cadre suffisamment restreint pour que chacun en prenne conscience, assiste et participe à l'essai de diverses solutions, quitte à constater les échecs, parfois tragiques, auxquels elles ont conduit. En reprenant l'histoire de la vie africaine à ce degré zéro que constitue le lendemain des indépendances, les cinéastes constatent qu'en apparence tout y est à inventer, mais qu'en fait, tout ou presque peut être retrouvé dans les expériences d'un passé qu'il faut remettre en scène, car chacun croit le connaître encore, alors que tous l'ont oublié.

La solution n'est pas dans une reconstitution historique, dont l'intérêt deviendrait anecdotique, en tout cas trop situé dans l'espace et dans le temps. Il faut au contraire donner à une sorte d'Afrique quotidienne et banale (ce qui ne l'empêche pas d'être belle et attachante) son plus grand degré de généralité. Ce sera donc un village comme tous les autres, où les situations prennent d'emblée une valeur exemplaire, parce qu'elles seraient les mêmes à quelques variantes près n'importe où ailleurs.

2. L'ENFANCE ET L'ENTRÉE DANS LA VIE (RURALE)

Le village ainsi défini est montré, le plus souvent, du point de vue de ceux qui apprennent à y vivre, c'est-à-dire les adolescents qui au sortir de l'enfance vont entrer dans la vie. Contrairement à ce qu'on imagine parfois de ce qui se passe en Afrique – à partir de quelques notions sommaires d'ethnographie –, cette entrée n'est pas assurée par l'application formelle de rituels adéquats. Ces enfants, garçons et filles, que l'on pourrait appeler des pré-adolescents, car ils n'ont guère que douze ou treize ans, s'aident de leur bon sens, de leurs sentiments et de l'affection qui les unit pour essayer d'y voir clair et de trouver leur voie. Rien de moins ethnographique que ces films du Burkina. Ce sont des contes, qui n'ont ni message ni morale, mais qui n'en sont pas moins pleins d'enseignement.

L'un d'eux, *Dunia*, (1987) de Pierre Yameogo, donne un sens concret à l'expression « trouver sa voie », car c'est exactement à une croisée des chemins que l'on va laisser finalement la jeune Nongma. Sorte de *Petit Chaperon rouge* à l'africaine, cette histoire ne cesse de montrer au sens propre ce que le conte veut dire au figuré. Nongma, une fillette d'une dizaine d'années, est constamment seule sur les routes, du village de ses parents à celui de sa grand-mère Saga, ou encore de chez sa grand-mère, sur le chemin de l'école, vers Ouagadougou.

Naturellement, le conte consiste à montrer tout ce qu'une petite fille peut rencontrer sur son chemin, de dangereux ou non, et nous comprenons bien que ce chemin qui lui reste à parcourir est celui qui lui permettra de devenir une grande fille et une femme. Nongma est seule, personne ne l'aide, mais elle a compris, et nous avec elle, où mènent les chemins entre lesquels elle doit finalement choisir : l'un la ramène au village, chez ses parents, l'autre la conduit vers la ville, où est l'école. L'un et l'autre ont leurs tares, leurs dangers ou leurs inconvénients.

Nongma ne peut espérer faire à coup sûr le bon choix – car il n'y en a peut-être que des mauvais – en tout cas il n'y en a point qui soit sans risques. C'est pourquoi elle hésite à la croisée des chemins, et c'est pourquoi le réalisateur se garde bien de nous dire lequel elle choisira. Cependant le film, dans sa brièveté, est intéressant, parce qu'il nous rappelle à tous qu'il n'y a qu'une préoccupation vraiment essentielle : comment réussir son entrée dans la vie – dans un monde où il est bien difficile de pénétrer avec le sentiment qu'on vous y accueille et qu'on vous y attend. Manifestement, personne n'attend Nongma, ni ses parents au village ni l'oncle Paul à la ville ne se soucient de savoir si et quand elle reviendra. Les images les plus impressionnantes du film sont finalement celles qui montrent Nongma marchant bravement sur la route, pieds nus et bien posée sur ses jambes robustes, droit devant elle, avec une confiance qui n'appartient qu'à son âge et peut-être à son continent, alors qu'il y a tant d'incertitudes sur ce qui l'attend.

Le cinéma burkinabé est un hommage à la sagacité des enfants africains autant qu'à leur drôlerie car ils savent mélanger l'une et l'autre. L'équilibre qui émane d'eux vient sans doute, comme on le voit dans *Yaaba*, de l'amitié solide qui unit ce garçon et cette fille et qui leur permet de faire ensemble leur apprentissage au quotidien. En s'abstenant de nous montrer ce qui, de cet apprentissage, concerne les comportements sexuels, le film laisse entendre que ce sont là des choses évidentes et naturelles, qui dans la tradition africaine n'ont aucun caractère problématique. Il lutte aussi astu-

cieusement contre le cliché qui consiste à assimiler l'africanité à une activité sexuelle débordante – les clichés de l'époque coloniale ne sont pas si
loin. Enfin, et surtout, cette abstention laisse la place à la représentation de
tous les autres apprentissages que font les deux adolescents, en se confron-
tant aux réalités villageoises, dont aucune ne leur échappe. Sous ses
diverses formes, ils rencontrent le problème de l'injustice et du mal, à la
fois personnellement, parce qu'ils sont la cible d'une bande de jeunes
voyous qui cherchent à nuire, et à travers une vieille femme qui est devenue
leur amie, bien que les villageois la considèrent comme une sorcière.

3. L'EXCLUSION

À travers cette histoire de la vieille femme que le village rejette, Idrissa
Ouedraogo associe dans *Yaaba* le thème de l'entrée dans la vie – que nous
appellerions en termes de sociologie moderne l'« intégration des jeunes » –
et le thème de l'exclusion, qui est lui aussi, on le voit, à la fois ancien et
moderne, parce qu'il est la base du fonctionnement de toute société. Qui
fait partie de cette société et surtout qui en est exclu ? En ce qui concerne
les exclus, qu'en est-il des raisons et des procédures par lesquelles ils sont
éliminés ? Or, il se trouve que le cinéma, avec ce qu'il implique de spatia-
lisation et de visualisation, est particulièrement apte à illustrer ce fonctionnement d'assimilation et de rejet, sinon à répondre à toutes les questions.

La sorcière dans *Yaaba* est une vieille femme qui vit seule dans une
cabane aux marges du village, car l'exclusion à l'africaine est d'abord
matérialisée et signifiée spatialement. Son état de sorcière est un état de fait
pour tous les villageois, en dehors de toute preuve, évidemment. Le fait est
qu'elle est vieille, qu'elle a le crâne rasé et plus beaucoup de dents. Le film
nous montre que la société traditionnelle africaine (les deux adjectifs ne
font peut-être que désigner un fait particulier au sein d'une définition générale) fonctionne à partir de ce qui est couramment admis, et qui n'est pas
remis pas en question.

Dans le village, il y a un centre et une périphérie. Au centre tout est juste
et a sa raison d'être ; la périphérie en revanche est une zone au statut incer-

tain qui permet des interventions, surtout négatives, quand le centre a des doutes sur sa cohésion. La marginalité spatiale permet par exemple de brûler la maison de la vieille femme dite sorcière à un moment où la communauté éprouve le besoin de resserrer ses rangs par la participation collective à un acte de violence sacrificielle. Après quoi, chacun des braves gens retourne au centre, tandis que se dissipent les dernières fumées.

Les deux enfants sont les seuls qu'on voit se mouvoir librement, bien qu'ils soient parfois contraints de le faire clandestinement, entre le centre et la périphérie. Tous les autres ne font que des trajets réglés, justifiés par les nécessités du travail ou de quelques autres occupations routinières, et ces trajets, qui évitent soigneusement la rencontre avec l'exclue, ont pour effet de renforcer quotidiennement son exclusion. Bila le garçon et Napoko la fille sont vus le plus souvent dans leurs mouvements d'allers retours entre le centre et la périphérie, Bila surtout s'inventant des raisons d'aller voir la vieille femme pour lui poser des questions diverses ou pour lui faire de menus cadeaux. Ces mouvements divers témoignent d'une liberté, d'une recherche, et non pas d'une agitation désordonnée. Leur mobilité s'oppose évidemment à l'immobilisme des villageois, comme une transposition physique de ce qui est plus encore mental. C'est presque une lapalissade de dire que cette mobilité donne son dynamisme au film ; elle lui donne aussi son optimisme parce qu'elle est la preuve qu'au-delà de son noyau dur, le monde du village réserve des espaces libres, espaces de recherche, espaces de rencontre, espaces de jeu. Il est significatif que la vieille femme entre dans la vie des enfants par sa participation muette et malicieuse à leur partie de cache-cache.

La marge est ludique, elle est la partie de la société la plus inventive, et à ce titre, elle est indispensable à la survie du centre, trop enfermé dans ses pratiques et trop soumis aux pesanteurs du social, qui ont pris forme d'institutions. On le voit bien dans un épisode qui constitue la dernière partie du film. Napoko ayant été blessée au cours d'une bagarre avec de méchants galopins agressifs et vicieux, les guérisseurs patentés, avec leurs pratiques obscurantistes, leurs tarifs éhontés, etc., ne font rien d'autre que la laisser mourir. Ce sont une fois de plus les médecins de Molière, reconnaissables aussi à leur férocité lorsqu'il s'agit d'éliminer toute concurrence. Ils occupent le terrain et la mort est là, presque visible, avec eux. Cependant, Bila a demandé à son amie la sorcière, qui est plutôt une bonne fée, de trouver les herbes médicinales qui peuvent guérir Napoko. On assiste à une scène étonnante au cours de laquelle le père de Napoko, un homme hargneux et borné, endoctriné par les guérisseurs, tient à l'écart de sa maison la sorcière et son ami Taryam, un vrai savant qui pratique la médecine empirique par les plantes. Fort heureusement, la mère envoie Bila chercher les médicaments en cachette, et Napoko finalement guérit. Le salut vient donc de cet apport à la fois réel et symbolique de la périphérie, qu'il faut savoir réintroduire au centre à bon escient. *Yaaba* montre d'ailleurs qu'en pareil cas la reconnaissance du centre n'est jamais acquise, et que l'expérience de la vie acquise par les enfants en cette circonstance comporte le constat de cette ingratitude.

La vieille femme dite sorcière n'est pas la seule exclue de cette mini-société. Il y a aussi un alcoolique, une femme adultère, etc., qui tous, comme sa vieille amie l'enseigne à Bila, ont leur raison d'être comme ils sont. Leur fonction critique est essentielle – l'ivrogne, par exemple est le seul qui soit capable de dire des guérisseurs : « Ce sont des escrocs », mais il est évidemment trop facile de ne pas le prendre au sérieux. Ce sont eux qui constituent le levain du corps social et le sel de la terre de cette petite communauté. Sous ses apparences d'églogue, *Yaaba* est loin d'être un film anodin. Il l'est d'autant moins que son réalisateur Idrissa Ouedraogo revient en fait dans ce film sur un problème qu'il avait abordé dans son précédent film, *Le Choix* (1986), comme mu par un scrupule extrême à l'égard de ses conclusions antérieures, qui étaient de l'ordre du constat d'échec.

Il faut donc revenir à ce film précédent, *Le Choix*, pour voir comment le réalisateur s'y débattait avec le problème d'une exclusion cruellement nécessaire. Dans ce film, les conditions de fonctionnement d'une petite communauté humaine, en milieu rural, sont analysées de manière exemplaire, comme s'il s'agissait d'un cas d'école. L'art du récit, la qualité des paysages et des portraits font que comme dans le conte, on oublie tout à fait ce caractère didactique ; et pourtant, ici encore, comme pour la jeune

Nongma dans *Dunia*, à la croisée des chemins, les questions essentielles se posent en toute netteté.

Le « choix », nous dit le titre : quel choix ? Rester dans un village mossi désertifié par la sécheresse et y survivre éventuellement grâce à l'aide international, ou partir à la recherche de zones plus humides, avec tous les risques du voyage lui-même et les incertitudes de son aboutissement ? On voit un très petit groupe humain, de type familial, affronter tous les aléas de cette migration, jusqu'au moment où en effet, la famille arrive au bord d'un fleuve et dans la joie, décide de s'y implanter. Le spectateur comprend vite que ce difficile voyage n'était pourtant qu'une épreuve préliminaire, et que les vrais problèmes ne font que commencer.

Avec la fin du nomadisme et dès que le seuil de survie est atteint, l'organisation de la vie sociale commence, notamment par la confrontation entre groupes. Une autre famille de migrants est arrivée là auparavant, et ce sont d'anciennes connaissances. On se retrouve, on va collaborer, et la vie devrait s'en trouver plus facile, ou moins dure. Il y a pourtant dans cette autre famille un être problématique, Tiga, dont on ne saura d'ailleurs jamais pourquoi il est ainsi. Qu'importe les raisons, semble dire le réalisateur, voilà une situation à laquelle les protagonistes ont la nécessité de faire face. Tiga est un mouton à cinq pattes, raté à tous égards, et qui de ce fait devient méchant et dangereux. Son inaptitude à l'existence sociale s'avère, dès qu'on le voit, par des maladresses au sens le plus banal du mot : il est aussi mauvais tireur à l'arc qu'au fusil et rate toutes ses cibles ! Dans un groupe social de dimensions aussi restreintes, le caractère asocial d'un seul individu se remarque immédiatement. Quand tous les autres sont en train de travailler dans les champs, ce qu'ils font collectivement, Tiga est curieusement absent du groupe, sans qu'on sache si c'est par paresse ou par incompétence. Son seul mode d'intervention est la violence, pour violer ou pour tuer ; et il ne parle que vengeance et meurtre.

Le film est ainsi fait et imprégné de cette humanité propre à Ouedraogo, que Tiga apparaît comme un malheureux dont on serait tenté d'avoir pitié, parce qu'il est victime de sa propre méchanceté. Reste que cette méchanceté est agressive et qu'elle met en danger toute la petite communauté, qui doit se défendre pour survivre. D'ailleurs, Tiga nous est toujours montré aux aguets, extérieur au groupe qu'il épie sans jamais vouloir s'y intégrer, semblable à une bête fauve qui voudrait sauter sur sa proie. Sa figure apparaît entre les branches, cachée dans les interstices, jamais éclairée par un regard franc. Le problème se pose ici beaucoup plus en termes d'intégration qu'en termes d'exclusion, Tiga est un exclu volontaire, sans doute parce qu'il y a du mal dans le monde et que ce mal n'est pas convertible en bien.

La solution provisoire que le film donne à ce problème consiste à le rejeter vers un ailleurs et c'est sans doute pourquoi Ouedraogo n'en était pas très satisfait. Tiga va se perdre dans cette frange de petits marginaux venus de la campagne vers les villes et voués au petit banditisme pour survivre. La société villageoise, elle, a été obligée de l'exclure, bien qu'il en soit membre par naissance et donc de droit. C'est d'ailleurs une manière de réfuter ce droit, qui n'est pas suffisant et qui même ne signifie rien.

En excluant un élément asocial et violent qui le met gravement en péril, le groupe se donne les moyens de se consacrer à plusieurs autres problèmes essentiels. Ceux-ci comportent notamment l'assouplissement des lois traditionnelles, surtout lorsqu'elles empêchent la formation de couples harmonieux, fondés sur l'amour. Cette seconde partie permet au réalisateur une grande diversité de tons. Pourtant, à sa manière personnelle, qui est de laisser travailler souterrainement ses thèmes d'un film à l'autre, Idrissa Ouedraogo n'en a fini ni avec le problème de l'exclusion, ni avec celui de la délinquance. Pour traiter à nouveau chacun d'eux, il invente des fictions qui les englobe dans l'univers de réflexions et de formes le mieux adapté. *Tilaï* nous plonge dans l'univers de la tragédie, pour une sorte d'Œdipe africain, tandis que *Samba Traoré* se meut dans le roman moderne, éventuellement le roman policier ou le roman noir.

Tilaï (1990) traite d'une situation un peu comparable à celle qu'évoquait *Yeelen* de Souleymane Cissé, mais tandis que *Yeelen* se situait résolument dans l'univers du mythe, *Tilaï* pourrait être défini comme une tragédie moderne, qui montre des affrontements inexpiables, mais sans référence aux croyances ou aux dieux. Il y a dans *Tilaï* un père abusif, qui refuse de laisser la place due à son fils, mais on voit très bien pourquoi, et pour quelles raisons tout humaines, il déforme la tradition à son profit. Il a voulu épouser la femme promise à son fils, mettant à profit l'absence de celui-ci ; et il est ainsi à l'origine d'une crise que personne n'est en état de résoudre, bien que chacun en mesure l'extrême gravité. À son retour le fils spolié entre en sécession et s'exclut lui-même ou plutôt matérialise ici encore et toujours de la même façon l'exclusion dont il estime avoir été victime. Il s'installe aux marges du village, dans une cabane qu'il se construit, et bientôt son ancienne promise vient le rejoindre car elle est toujours amoureuse de lui. En choisissant l'adultère, elle s'enferme elle aussi dans une forme d'exclusion sans issue. Par la représentation qu'il nous donne des deux partis opposés, celui du père et celui du fils, le film fait comprendre que le problème cesse d'être celui de l'origine du conflit et du bon droit de l'un ou de l'autre, mais devient celui de l'immobilisme tragique auquel aboutissent ces deux attitudes également provocatrices, mais sans invention et bornées.

Le véritable héros est le second fils, déchiré entre les deux protagonistes qui s'affrontent, et obligé d'inventer, parce qu'elle n'existe nulle part dans la tradition, la solution qui lui paraît la moins mauvaise. Son humanité se voit à sa douleur, et à ses hésitations. Il est amené à subir des épreuves redoutables, dans une solitude totale, car il lui faut bien constater que personne d'autre ne fait d'effort, et même que personne ne comprend rien.

Le jeune héros ne parvient pas à éviter un drame sanglant ; il peut même penser que ses efforts en ce sens n'ont fait qu'aggraver les désordres. Mais son sentiment d'échec constitue l'expérience humaine du film, car l'échec est humain, alors que la loi des ancêtres ne l'était pas. La nécessaire mutation des sociétés traditionnelles ne peut se faire sans échec ; celui-ci est vécu et assumé comme tel par le héros. En termes archaïques, on aurait dit que cette mutation ne peut se faire sans une victime sacrificielle. Ce rôle est la forme suprême de participation au corps social, il est l'inverse de l'exclusion volontaire, une erreur dangereuse contre laquelle le réalisateur croit nécessaire de s'élever. On voit en effet dans le film que cette attitude représente une tentation – qu'on pourrait dire romantique – pour certains jeunes légitimement révoltés par la loi des pères. L'apprentissage de la vie selon Ouedraogo – et il s'agit évidemment de la vie sociale, car il n'y en a point d'autre – est beaucoup l'apprentissage des erreurs à éviter. Le cinéma, qui est par excellence la forme moderne de représentation, pourrait et devrait jouer en Afrique ce rôle d'école de la vie qu'aucune autre institution n'est capable d'assumer.

4. L'AMOUR

Samba Traoré (1992) pourrait être une tragédie mais refuse de l'être, parce que son réalisateur veut croire à la rédemption, et cela sans recours à aucune espèce de religion, mais par une morale toute humaine. Cet humanisme contrebat les effets d'une situation de type tragique, où l'on verrait (et on le voit partiellement) le héros Samba tenter de s'aveugler sur les conséquences inévitables d'un acte qu'il tente en vain d'occulter.

Samba Traoré est revenu au village après avoir commis en ville un vol à main armée au cours duquel son complice a été tué. Il essaie de jouer l'oubli du passé et le bonheur individuel, grâce à l'amour réciproque qui l'unit à Saratou. Elle aussi a un passé lourd de drames, mais elle a le courage de tout raconter à Samba, malgré les larmes que le récit lui coûte. Alors que Samba use ses forces à lutter contre la vérité et se perd dans les méandres de la dissimulation. On aura compris que vouloir traiter *Samba Traoré* comme une étude de la délinquance urbaine liée à l'exode rural serait à peu près aussi judicieux que de voir dans *Œdipe Roi* de Sophocle une étude sur l'étiologie de la peste dans l'Antiquité grecque. Pourtant *Samba Traoré* est moins intéressant comme tragédie possible que comme tragédie déjouée, refusée, c'est-à-dire comme volonté de signifier que là où il y a amour, la tragédie ne passera pas.

Samba lui-même pourrait être un héros de tragédie, parce qu'il est de la race de ceux qui vont droit au mur tout en sachant bien qu'ils y vont, mais d'un savoir si vague et si refoulé que la situation se manifeste surtout par le spectacle qu'ils donnent de leur étrangeté. D'ailleurs, le comportement de Samba est double, selon qu'il agit d'après son inconscient ou d'après sa volonté consciente, qui a surtout pour but de contrarier l'inconscient.

Inconsciemment et bien qu'il ait fait le choix de la dissimulation, Samba se conduit de telle sorte qu'on ne peut pas ignorer les indices qui se manifestent et se multiplient. Mais les êtres qui sont proches de lui et qui l'aiment refusent de voir ce qu'ils voient et refusent de savoir ce qu'ils savent, comme si leur refus pouvait rassurer Samba en proie à cette immense panique.

Consciemment, et bien que ce soit une erreur, Samba veut dissocier l'un de l'autre les deux grands domaines où se joue sa vie : d'une part, celui du méfait commis, de l'argent mal acquis, de la culpabilité, de l'angoisse et du châtiment, d'autre part, celui de sa vie affective et familiale qu'il partage avec Saratou, l'enfant Ali et leur petit groupe de proches amis. Or, c'est justement parce que ces deux mondes vont se mêler que la tragédie sera évitée au profit du roman, le roman de l'amour et de la rédemption. C'est bien la preuve que le mal dont il est question dans *Samba Traoré* n'a rien à voir avec cette contamination qui dans la tragédie de Sophocle s'appelle la peste. Lorsque Samba part menottes aux poignets, les dernières images du film sont celles du groupe familial, Saratou, Ali, et le nouveau-né Seydou fils de Samba, alignés à l'orée du village, de manière à lui signifier que là est son ancrage et sa ligne d'horizon, là est le lieu où il reviendra. La délinquance n'est pas le mal, mais elle permet de frôler ce que serait le mal si les valeurs villageoises n'étaient encore assez fortes pour le contrer. Étant entendu que chez Idrissa Ouedraogo les valeurs villageoises ne sont pas l'apanage de la tradition, bien au contraire, elles sont ce que serait la modernité si la modernité n'était le plus souvent pervertie par les tares propres aux sociétés citadines.

5. L'ENTRÉE DANS LA VIE (CITADINE)

Laafi (1991) de Pierre Yameogo apporte un indispensable complément à la peinture du monde rural qui est la plus fréquente dans le cinéma burkinabé. L'histoire se situe à Ouagadougou, parmi les lycéens qui viennent de passer leur bac et qui attendent donc eux aussi le moment imminent d'opérer leur entrée dans la vie. Comme toujours dans ce cinéma, on pose une question très claire, et on cherche ensuite à y répondre, avec nuances et précaution. Ici, la question qui se pose est de savoir s'il est utile ou non de travailler, et si le travail est vraiment la voie de la réussite. Ce doute est lié à différents spectacles et constats offerts par la vie urbaine. C'est en ville en effet qu'apparaît le phénomène des classes sociales, qui est un déni à l'égalité des chances. En liaison avec ce problème, la ville offre à l'évidence le grand jeu du népotisme, du favoritisme, des appuis et des relations. L'interférence de ces données extérieures avec les qualités individuelles produit des résultats si aléatoires qu'on en a le vertige. D'autant qu'à l'âge de ces jeunes héros, les préoccupations affectives sont un autre facteur de troubles et compliquent la superposition de ces lignes brouillées, entrecroisées, dans le dessin desquelles aucun devin ne saurait lire l'avenir. La force du cinéma burkinabé est de trouver dans la réalité la plus quotidienne et la plus simple des images métaphoriques. Ici, c'est la représentation de ces lignes complexes par les trajets innombrables des mobylettes à travers la ville, mobylettes consubstantielles à la vie de ces jeunes gens et qui assurent entre eux la plus souple des communications, bien que parfois elles restent en souffrance et en dépôt, provisoirement abandonnées. La ville démultiplie les problèmes et les questions, mais elle fournit aussi plus de moyens pour les résoudre, une fluidité d'échanges qui dynamise et accélère le rythme de l'évolution. Le cinéma burkinabé ne mythifie ni la ville ni la campagne, ni l'archaïsme ni la modernité. Il essaie d'aider les Africains à se dégager de toutes mythologies, aussi bien celles qu'on leur a imposées que les leurs.

L'ESSOR DU CINÉMA TUNISIEN APRÈS 1980

Le cinéma tunisien, comme la plupart des productions culturelles de ce pays, a l'intérêt de développer des thématiques propres au monde arabe du Maghreb à travers des formes d'interrogation et d'expression très proches de celles qui se sont développées en Occident. Telle est la position particulière de la Tunisie, sans doute à cause de celle qu'elle occupe au sens géographique du mot.

On sait déjà que, en matière de cinéma, la Tunisie a manifesté très tôt, notamment à travers les Journées cinématographiques de Carthage, sa volonté de poser clairement, devant une audience internationale, des problèmes de spécificité africaine et arabe. À partir des années 1980 et sans rompre avec le travail de la décennie précédente, les réalisateurs, bien soutenus par la production nationale, s'engagent dans une réflexion sur l'individu arabe, sans doute caractéristique de toutes les recherches d'identité alors en cours, mais débordant aussi cette notion ou la précisant en divers sens. Pour dire les malaises qu'ils éprouvent chacun individuellement dans leur pays, les cinéastes évitent désormais d'évoquer d'emblée une situation collective, politique et sociale, qu'il faudrait dénoncer comme seule coupable. Tout se passe comme si on avait pris conscience que ce rabattement sur le collectif est encore une fuite, un exutoire, une excuse pour ne pas analyser le détail des situations, là où pourtant gisent le malaise et la difficulté d'être qui sont le mal de l'époque et du pays.

Le lien avec les réalisateurs et les films précédemment évoqués (chapitre 5) se fait à la fois par la construction autour d'un vide et par l'affirmation d'une absence au cœur du trop plein.

1. VIDE OU TROP PLEIN

La construction autour d'un vide est caractéristique du film de Nacer Khémir, *Les Baliseurs du désert* (1985). Le réalisateur y parle d'une immense frustration de l'homme arabe, qui jette ses meilleurs représentants dans un désert mortifère, à la recherche d'un passé mythique et par définition disparu. Cela évidemment est un conte, fait d'images qui restent en partie mystérieuses, parce que ce mystère fait partie de leur beauté. Il en est de même globalement ou dans le détail, le sens est une allégorie, qui peu à peu se met en place et devient intelligible ; mais la fascination exercée par le réseau d'images ne se résout pas entièrement dans la révélation d'un sens secret.

Il y a donc un appel du vide qui met le film en mouvement, cet appel du désert où les hommes disparaissent l'un après l'autre. L'incertitude sur leur réapparition aléatoire est maintenue par le caractère fantomatique des images, estompées par un vent de sable qui atténue les lignes et les couleurs, ne laissant aux hommes que leur forme en gris-beige sur un fond de lumière beige tendant vers le blanc. La nécessité irrésistible qui pousse les hommes à partir est comme un destin tragique, et l'on ne sait, lorsque la procession passe au loin, s'ils sont courbés vers le sol comme des forçats ou s'ils sont des mystiques en prière marchant vers leur Dieu. Image impressionnante et en effet « indécidable » de ce qui pousse les hommes à recourir au mythe, aux dépens d'une réalité déjà réduite et qui inévitablement dépérit. L'abandonner à ce dépérissement est d'autant plus consternant qu'il y a au cœur de cette réalité des beautés exquises et bien vivantes, qui ne sont pas des vestiges du passé. Le jeune instituteur qui vient dans ce village perdu aux confins du désert aperçoit parfois dans la maison du cheikh la fille de celui-ci, plus fascinante que tous les mythes, et à sa manière mystérieuse aussi. Cependant et bien qu'elle soit donnée comme réelle, elle vit si cachée, et ses apparitions sont si rares, qu'elle fait figure elle aussi de créature imaginaire.

Les êtres du présent, dont la réalité est incontestable, sont non seulement dépourvus de séduction, mais ils sont grotesques. Leur représentant dans le film est un officier de police ridicule, comique et prétentieux, qui évidemment ne comprend rien à rien. Exaspéré par toutes ces énigmes, il est persuadé d'avoir affaire à des tricheurs rusés et dangereux. Il n'y a donc d'autre choix, dans la société arabe d'aujourd'hui, qu'entre des médiocres bornés, voire crétins, et des êtres épris d'idéal, mais nihilistes voire suicidaires et qui préfèrent les rêves de grandeur aux tentatives modestes du quotidien.

Viennent alors toute une série de films beaucoup plus réalistes, qui permettent de comprendre le malaise de l'individu dans la société telle qu'elle est. Ce qui était au centre du film de l'Algérien Merzak Allouache, *Omar Gatlato,* c'est-à-dire le sentiment d'une incurable absence au cœur du trop plein, se retrouve dans *Halfaouine* de Férid Boughedir, le film qui en 1990 a attiré l'attention du grand public sur le cinéma tunisien. Mais cette fois, le problème se pose à un jeune garçon, Noura, qui se situe entre enfance et adolescence et pour qui le problème est d'entrer dans la vie, en s'appuyant s'il se peut sur quelques modèles positifs, au cas où il en existerait.

Il n'y a sûrement rien d'original dans le fait qu'un garçon de cet âge soit obsédé par la découverte de la sexualité et par le désir de faire ses premières armes. Mais le paradoxe dans lequel se débat Noura consiste dans le fait que d'une part tout et tous autour de lui le renvoient à cette obsession, parce qu'il vit dans un monde où la sexualité est omniprésente et exhibée, alors que d'autre part, cette sexualité est tenue hors d'atteinte par un système d'interdits complexes et pervers, qui obligent un jeune garçon comme lui à déployer des prodiges d'énergie pour voir d'abord, et agir ensuite. Les scènes qui se passent au hammam ou bains turcs traitent exemplairement de ce paradoxe. Noura est encore admis dans le bain des femmes, bien qu'il ait atteint la limite d'âge au-delà de laquelle il doit aller dans celui des hommes, et il circule donc comme s'il était encore un enfant entre ces monceaux de chair féminine à peu près nue. Il y a chez lui plus de curiosité encore que d'émoi mais cet « à-peu-près » empêche sa curiosité de se satisfaire, tandis qu'il erre de salle en salle à la recherche de ce qu'il imagine comme une révélation. En installant cette déception et ce manque au cœur du trop plein apparent, Férid Boughédir exprime une vérité essentielle pour son personnage et pour son pays, en même temps qu'il déjoue un retour éventuel de l'iconographie orientaliste, qui situe la sexualité féminine comme une apparition et comme une évidence au cœur du hammam.

2. LE PÈRE

Il n'est pas non plus étonnant qu'un garçon comme Noura substitue à son père réel, dont il sait qu'il ne peut rien attendre, une autre figure paternelle, plus séduisante à tous égards. Celui qu'il se choisit comme père adoptif est un petit cordonnier poète, amateur de la bouteille et des femmes, chanteur et musicien. C'est un merveilleux conteur, qui sait déployer pour son jeune ami le monde de l'imaginaire, mais il détient aussi un savoir sur le monde, qu'il ne refuse pas de partager si on le lui demande, quoique en formules prudentes et nuancées. Or, cette image de père, si riche et si attractive, se trouve mise en question par une répression sociale cruelle et obstinée, qui fait que le petit cordonnier est finalement conduit en prison, et sait qu'il n'y a plus d'avenir pour des gens comme lui. Son principal défaut aux yeux de ses adversaires, c'est qu'il est un anarchiste, provoquant la hargne d'un commando d'intervention musclée qui entend faire régner la loi. Les anciens du quartier, pour la plupart, sont sceptiques et narquois, mais de manière dissimulée ; tandis que le petit cordonnier, inoffensif et doux, ne prend pas la peine de se cacher et fait volontiers preuve d'un peu de malice, sa seule arme. Noura sait bien que son père-ami n'est coupable de rien : sa seule activité clandestine est de recevoir des femmes à l'intérieur de son échoppe, toutes portes fermées. Noura a pu se rendre compte que son véritable père, sous des dehors furieusement rigoristes, n'est pas moins libidineux ; il est seulement plus hypocrite et moins poète, plus graveleux et plus dissimulé.

On voit par cet exemple comment ce qu'on a coutume de désigner comme « dénonciation politique et sociale » est introduit dans le film. Il s'agit d'une histoire individuelle, interpersonnelle, qui se vit dans le cadre minuscule d'un vieux quartier de Tunis, Halfaouine, où Noura a ses parcours habituels. Cependant la manière dont il aborde l'adolescence et entrevoit l'âge adulte est conditionnée par ce moment particulier où la ville est en train de perdre ses espaces de liberté. Ces espaces consistent en zones jadis autonomes, où le pouvoir central n'intervenait que très peu ; ils consistent aussi en attitudes mentales et en comportements qui permettent à chacun d'être lui-même – assuré du respect des autres (éventuellement amusés et complices) pour ses singularités. Le film oppose cette vie quiète, menée tranquillement dans le repli des échoppes, aux effractions de plus en plus brutales des éléments extérieurs. Ceux-ci viennent imposer leur contrôle et le font d'autant plus agressivement qu'ils n'ont pas de place ici, et ne peuvent occuper que la rue. Traditionnellement, la communication du dehors et du dedans se faisait par des voies souples, discrètes, et c'est ainsi que l'autonomie de ce petit pan de tissu urbain a pu être préservée, sans doute depuis plusieurs siècles. La période contemporaine introduit la contrainte, et la fausse communication.

Cette sorte d'état de siège, qui s'installe peu à peu mais sûrement, explique le sous-titre du film, *L'Enfant des terrasses*. Bien que l'espace de la maison soit vaste, l'autorité abusive du père et le trop plein de femmes qui occupent les lieux amènent Noura à chercher ses espaces de fuite là où il le peut, c'est-à-dire vers le haut, vers ces terrasses encore livrées à quelques marginaux, ivrognes, demi-clochards et autres créatures un peu étranges qui en font un lieu beaucoup plus attirant pour l'adolescent que l'espace d'en bas. Le sens de cette fuite vers le haut apparaît clairement dans la dernière scène du film, lorsque Noura se sent enfin capable d'affronter son père, ou plutôt de refuser l'affrontement en échappant de toute manière à son autorité. Alors que son père éructe de fureur mais reste cloué au sol, dans l'espace clos de la cour intérieure, l'agile Noura s'envole comme un oiseau par ses chemins habituels, qui lui donnent accès aux terrasses, et de là-haut, il nargue le père, avec une malice insolente et joyeuse, que le spectateur aussi ressent comme une revanche prise sur tous les enfermements. Au nombre de ceux-ci, le plus dramatique est évidemment celui du petit cordonnier Salih, qui lui aussi par sa gracilité, sa vivacité et ses chants, était de la nature de l'oiseau. Noura a la force de s'envoler, parce qu'il a en lui à la fois la grâce légère de l'enfance et l'énergie conquérante de l'adolescence, mais on voit bien de là-haut que l'espace du bas est terriblement quadrillé, cerné de toutes parts, et que les chances de fuite doivent y être rares. Reste pourtant, chez les habitants du quartier dont Noura est le digne représentant, la force de l'esprit populaire qui se traduit par l'humour, le langage à double entente, l'ingéniosité dans le maniement des mots. Il y a là un espace qui par définition échappe au contrôle, et les habitants d'Halfaouine semblent habitués de longue date à y recourir, contre toutes les formes d'interdits. Interdit politique, interdit sexuel, on sait déjà que ce sont là les points forts de la censure (voir chapitre 4, 4). *Halfaouine* enseigne merveilleusement à s'en jouer et à la déjouer. D'où l'euphorie qui se dégage du film, bien que son sujet ne soit ni léger ni anodin.

3. DÉMENTIS

Les films de Nouri Bouzid expriment d'emblée une tension, un malaise dramatique face auquel l'humour n'est plus de saison. À la différence de Férid Boughedir, et malgré la grande proximité des réalisateurs, qui autorise le terme « école de Tunis », Nouri Bouzid se refuse même aux apparences du folklore arabe et méditerranéen. Ce refus peut se lire à deux niveaux, celui du décor, paysages et environnement, et celui du mode de vie, relations affectives et sociales entre les gens. Sur le premier point, les premières scènes des *Sabots en or* (1988) semblent une véritable provocation : c'est Tunis en hiver, une ville où l'on grelotte, où tout est humide et froid. Le personnage principal, Youssef Soltane, porte symboliquement un grand manteau noir et une écharpe, tenue qui l'isole d'une ville où il revient après avoir passé six ans en prison, mais qui ne parvient pas à lui redonner la moindre chaleur intérieure. La chaleur dite méditerranéenne n'est pas au rendez-vous, encore moins la plage à palmiers : si plage il y a, elle n'est qu'entrevue sous des déluges de pluie. Mais c'est plus encore la chaleur de relations et de sentiments qui fait défaut. *L'Homme de cendres* (1986) est un démenti constant de ce qu'on croit savoir sur le caractère douillettement enveloppant et chaleureux de la vie communautaire, là où la famille nucléaire n'est encore que faiblement implantée. Le héros du film, Hachemi, est un jeune homme fragile qui sans doute a besoin d'amour mais qui ne supporte pas celui que sa famille lui propose, sous une forme envahissante et contraignante, à contrecourant de ses désirs, si incertains qu'ils soient. Hachemi ne supporte pas cette vie en groupe, autour des tables familiales chargées de mets trop gras ; il ne semble bien que dans le tête-à-tête, lorsque l'autre en face de lui ne cherche pas à lui imposer sa pression.

Pour son compagnon et ami d'enfance, Farfat, c'est encore pire. À partir du moment où son père le chasse de la maison, il entre dans une marginalité solitaire, dormant comme un animal sauvage dans un recoin des remparts de Sfax, ne supportant rien ni personne, pas même Hachemi, le seul être dont il soit proche et qui sait tout de lui. Les films de Nouri Bouzid expriment la contradiction entre le besoin déchirant d'amour et la solitude à laquelle ses héros sont voués, parce qu'aucune institution familiale ou sociale ne respecte leur individualité.

4. PLAIDOYER POUR LES DIFFÉRENCES

Cette individualité est le résultat d'un caractère et d'une histoire. Le caractère, selon une formule connue, se lit sur les visages, et Nouri Bouzid excelle à proposer cette lecture. Elle consiste à suivre sur le visage transparent de Imad Maalel, le jeune acteur de *L'Homme de cendres,* toute la gamme des contrariétés et des blessures, légères ou graves, que lui infligent notamment la perspective d'un mariage imminent, organisé contre son gré par les familles. Hichem Rostom, l'acteur principal des *Sabots en or*, est au contraire un homme mûr qui s'est exercé de longue date à garder, au moins en apparence, froideur et impassibilité. Dans un cas comme dans l'autre, l'intérêt psychologique de la lecture des portraits est soutenu par le fait que le personnage reste souvent énigmatique par lui-même et pour les autres et que ses expressions, loin d'être codées, sont à déchiffrer par intuition, sympathie ou pressentiment.

La part de l'histoire individuelle est elle aussi suggérée beaucoup plus qu'assénée comme un schéma d'explication. Et ce d'autant plus que pour des raisons de censure, comme on l'a déjà vu, le réalisateur a dû réduire ces retours au passé et n'en laisser que de rapides images. Les héros de Nouri Bouzid ont touché aux deux principaux domaines contre lesquels sévit l'interdit : la sexualité et la politique. La sexualité dont il est question dans *L'Homme de cendres* est d'autant plus interdite de parole et d'images qu'il s'agit d'une sexualité différente et non reconnue malgré sa fréquence, l'homosexualité masculine. Hachemi et Farfat ont été violés dans leur enfance par le patron auprès duquel ils étaient apprentis en sculpture sur bois. Le désir de cette pratique dite perverse leur en est resté, plus fort chez Farfat que chez Hachemi, maintenant qu'ils sont arrivés à l'âge d'homme. Hachemi, qui s'est déjà dérobé auparavant au mariage organisé par sa famille, fuit à nouveau devant la nécessité d'une hétérosexualité d'autant moins attirante que dans ce cas elle est imposée et contrôlée. Comme s'il s'agissait d'un hommage rendu à l'idéologie officielle, l'exécution de l'acte est placée sous haute surveillance et fait déjà l'objet de tous les discours, de toutes les pensées, avant même que le moment ne soit venu. On retrouve ici certaines théories de Michel Foucault sur l'amour obligatoire, encore plus fréquent et plus redoutable que l'amour interdit. La société tunisienne dont nous parle Nouri Bouzid est plus complexe qu'il n'y paraît, parce qu'elle est contraignante sous des allures libérales, et implique une consensualité qui ne laisse aucune place aux individus non conformes, pas même celle de la révolte. C'est pourquoi la non-conformité ne peut conduire qu'à la mort, comme on le voit pour Farfat. Farfat, comme Noura dans *Halfaouine*, a lui aussi essayé de s'envoler comme un elfe dansant au-dessus des remparts de Sfax. Mais il faut, pour voler, l'innocence et la grâce de l'enfance ; or, Farfat n'a pu préserver les siennes, à cause de la souillure qui lui a été infligée et qu'il a reprise à son propre compte. Son envol est celui d'un ange du Mal, voué à une chute prématurée. Hachemi, lui, vit les affres d'un être qui se sent piégé, impuissant à sauver son meilleur ami, ne trouvant pour lui-même d'autre salut que dans la fuite. Il erre, s'agite et se débat, comme un insecte léger qui s'affole ; nul ne pourrait dire s'il y a quelque part une issue pour lui et comment il fera pour la trouver.

L'interdit que Youssef Soltane a transgressé dans *Les Sabots en or* est celui du militantisme politique, au sein d'une organisation clandestine. Pendant les six années de son séjour en prison il a été torturé, au cours de séances horribles dont le souvenir lui revient par éclairs, se mêlant d'ailleurs à des scènes sanglantes, montrables celles-là, qui se passent dans l'abattoir où il va rencontrer son frère. Les scènes de torture sont traitées à peu près de la même façon que l'était le viol dans *L'Homme de cendres*, c'est-à-dire que leur pouvoir de suggestion est fonction de leur saisissante brièveté. Quelle que soit la part de la censure dans le choix de ce traitement, il apparaît comme tout à fait judicieux et efficace, parce que le spectateur est amené à imaginer ce qu'il ne voit pas, et parce que toute autre représentation relèverait soit du documentaire, soit du voyeurisme. Les images de torture, si peu visibles, sont comme le noyau intérieur du film d'où émane vers la surface une lumière sombre et sanglante, qui pose sur l'ensemble des reflets sinistres. N'y échappe guère qu'une ronde d'enfants, parmi lesquels se trouve la fille de Youssef Soltane, parce qu'elle est éclairée d'un vrai feu, autour duquel les enfants dansent en chantant.

Chacun des deux films se développe ainsi autour d'un secret cruel, qui n'est d'ailleurs qu'un secret de Polichinelle, parce que tout le monde sait et en même temps refuse de savoir. Si les héros de Nouri Bouzid ne peuvent pas communiquer, ce n'est pas parce qu'ils ont été traumatisés au point d'en rester autistes ou muets, c'est parce que les autres, de différentes manières, leur opposent un refus ou un rejet. Il s'agit d'un monde où la différence individuelle n'a pas droit de cité, et les intéressés sont priés de s'en débarrasser comme d'un vilain défaut, dont personne ne veut entendre parler, parce que ce serait aussi inutile qu'inconvenant.

Cette fin de non-recevoir est le seul remède que la société connaisse pour traiter de ses différences internes, et elle a évidement pour effet de renvoyer les êtres problématiques à leur solitude, irrémédiablement. Dans *Les Sabots en or,* on se rend compte qu'il s'agit d'un trait culturel propre à la société toute entière et non à tel ou tel groupe politique ou idéologique. Le héros en effet se voit successivement et symétriquement rejeté par les représentants de deux groupes qui sont à cet égard les plus opposés qui soient. Il s'agit d'une part de son ancienne maîtresse, universitaire féministe et émancipée, grande bourgeoise intellectuelle à l'occidentale ; et d'autre par de son frère qui travaille aux abattoirs, représentant de longue date du courant intégriste, attaché à un islamisme réactionnaire, anti-intellectuel et anti-moderniste. Or, l'un comme l'autre, dans des scènes suffisamment explicites et développées pour avoir une valeur exemplaire, lui disent crûment qu'ils ne veulent rien savoir de lui ni de ses problèmes et que, de toute façon, il représente une catégorie de théoriciens politiques marxisants dont l'existence est révolue et dont les discours n'intéressent plus personne. Ce système de double renvoi aboutit au cœur du film à une sorte de point mort particulièrement angoissant, dont on se demande comment le héros et le film lui-même vont en sortir, et par l'effet de quel mouvement.

Or, le mouvement recommence en effet, grâce à un changement de direction de la part de Youssef Soltane : il cesse d'aller vers ceux qu'il a d'abord recherchés pour les convaincre ou pour en être aimé, et se rapproche maintenant de ceux que d'abord il avait tenus éloignés. Ce sont essentiellement ses deux grands enfants, un garçon qui veut partir faire ses études en France et une fille qui vit maritalement avec un compagnon de son âge. L'un et l'autre lui sont hostiles, depuis qu'il a abandonné leur mère, morte peu après, pour vivre avec sa jeune et brillante maîtresse. Youssef Soltane doit surmonter le malaise qui résulte de cette situation et du fait que dans sa famille, nul ne respecte plus son autorité. Le rapprochement qu'il amorce est pour lui l'occasion de mettre en accord avec ses théories politiques audacieuses certains de ses comportements personnels, qui étaient restés traditionalistes. La pression exercée sur lui par son frère intégriste précipite le mouvement et lui en fait comprendre la nécessité. Son statisme n'est plus de mise et ne l'a d'ailleurs conduit qu'à l'immobilisme de la prison. Il faut accepter le risque d'une avancée, même incertaine et contestable, parce que le danger majeur qui menace cette société est de camper sur des positions établies.

Bien que *L'Homme de cendres* traite de problèmes personnels et intimes, alors que *Les Sabots en or* abordent des problèmes politiques et collectifs, il s'agit toujours d'un même plaidoyer, contre la force des pressions qu'exercent les modèles dominants. Une diversité qui fait place aux exigences individuelles, voilà le stade suivant que devrait atteindre cette civilisation. Pendant au moins deux décennies, on n'a donné à cette diversité qu'un seul nom, d'ailleurs légitime, mais trop limité au domaine politique, le nom de démocratie. On comprend, à voir les films de Nouri Bouzid, que la démocratie est liée à tout un ensemble de valeurs éthiques, qui elles-mêmes n'ont de sens que si elles s'appuient sur la notion d'individu.

Le cinéma tunisien de la dernière décennie reprend ainsi nombre de thèmes qui dans l'histoire européenne se sont développés entre la période des Lumières et le romantisme. On aurait dit alors qu'il s'agissait d'un combat pour la tolérance, et c'est bien ainsi qu'on peut parler du dernier film de Férid Boughedir, *Un été à La Goulette* (1996). La manière dont le réalisateur pose côte à côte et fait vivre ensemble trois groupes familiaux, juif, chrétien, musulman, est dans la pure tradition voltairienne, à laquelle Férid Boughedir ajoute l'idée d'une communauté méditerranéenne qui sert de fonds commun aux trois groupes, avant même d'invoquer le monothéisme, ou plus largement l'universalité du fait humain.

Le risque d'un tel film était évidemment le surgissement irrésistible du folklore, et il ne semble pas que le réalisateur se soit suffisamment prémuni contre cette facilité. Cependant, le principal défaut d'*Un été à la Goulette* vient de ses bonnes intentions – le plaidoyer pour la tolérance – si massives, si évidentes qu'elles écrasent tout sur leur passage, tout et en particulier la liberté d'allure du film que l'on sent téléguidé, réduit à l'historiette par la définition préalable de son projet. Mais il y a urgence, dira-t-on, et contre l'intégrisme on ne saurait être trop clair. Ce serait un des méfaits déplorables de l'intégrisme que de réduire l'art cinématographique tunisien, si complexe et si élaboré, à un travail de contre-propagande – si nécessaire que soit ce combat.

8

CONCLUSION. LES ANNÉES 1990, CRISES ET PERSPECTIVES

1. MONDIALISATION

L'attitude adoptée par Férid Boughedir dans *Un été à La Goulette* est évidemment le résultat d'un choix conscient. Il s'agit de toucher un vaste public, dans l'idée qu'il est temps d'en finir avec le repli sur la maghrébinité ou l'africanité, et ce pour un ensemble de raisons. Les premières sont des raisons pratiques. Les cinémas d'Afrique et du Maghreb ne vivront que s'ils sont distribués à l'échelle internationale, et susceptibles aussi de donner lieu à des téléfilms conformes aux normes de ce genre. Les secondes sont plus idéologiques. La recherche identitaire, à laquelle tout le monde a cru, est en train de montrer les graves dangers qu'elle comporte. Si chaque groupe, chaque communauté, ne se définit que par opposition aux autres, aucun discours n'a de chance de passer d'un groupe à l'autre, alors que la définition de tout art, et donc du cinéma, est de transcender le cas particulier pour atteindre une signification plus large. Il y a une opposition absolue, dont on connaît les manifestations pratiques, entre intégrisme et expression artistique.

Cependant et à partir de ces constats, la solution n'est pas facile à trouver. Le réalisateur africain qui semble le plus convaincu de la nécessité d'une ouverture et d'une mondialisation est sans doute Idrissa Ouedraogo. Dans cet esprit paraît en 1991 son téléfilm *Karim et Sala*, dit franco-burkinabé, qu'on a pu voir à la télévision française. Or, le moins qu'on puisse dire est que le résultat n'est pas convaincant. Pourtant, on retrouve là tout ce qui faisait le charme des films précédemment évoqués comme les plus beaux fleurons de l'école du Burkina, par exemple *Wend Kuuni* ou *Yaaba*. Il y a un couple d'enfants, garçon et fille que leur âge situe entre l'enfance et l'adolescence. Il y a la brousse sahélienne, ses bergers, ses chasseurs, mais aussi les villes, où l'on peut faire des rencontres intéressantes et parfois dangereuses. Le film se présente comme un conte pour enfant, on y voit comment le jeune Karim, rudoyé par un méchant oncle, décide de partir pour la ville, mais s'y fait voler et berner au point de se retrouver en prison. Pendant toutes ses épreuves, il est soutenu par son amie Sala, orpheline de mère mais pourvue d'un père riche et généreux. Karim revient au village chercher sa mère ; ils s'en vont l'un et l'autre s'installer chez l'oncle et la tante de Karim, qui vivent à Bobo-Dioulasso. Sala s'y rend à son tour pour retrouver son ami, mais une intervention maladroite d'Ismael, cousin de Karim, provoque une fugue de celui-ci..., qui par hasard, en pleine brousse rencontre son père, de sorte que toute la famille réunie peut retourner au village régler ses comptes avec le méchant oncle. Pour finir, Karim part à Ouagadougou, où il pourra aller à l'école et vivre chez Sala : « Sois sage, mon fils et que Dieu te garde », dit la mère sur fond de piano romantique.

Karim et Sala, pour qui connaît les œuvres antérieures de Ouedraogo, paraît d'une fadeur extrême et comme sans force, sinon sans vérité. Il est impossible de surmonter le malaise, voire le ridicule, d'un très mauvais doublage, qui donne le sentiment que Karim et Sala se parlent comme les *teenagers* d'un téléfilm américain doublé en français. Sala ainsi doublée est d'une grande mièvrerie, les conversations entre adolescents, lorsque le cousin Ismael s'en mêle, sont artificielles et niaises, et de tout cela le rythme semble absent, c'est plutôt une succession décousue d'événements. On est donc tenté de dire que l'églogue africaine empruntée à *Yaaba,* pour être susceptible de plaire à tout public, a été réduite à ses aspects anodins et superficiels et qu'elle y a perdu son âme. La solution, pour les cinémas d'Afrique, ne passe pas par cette voie.

Que faut-il penser du mouvement inverse, qui est d'attirer l'attention sur les aspects les plus particuliers et les plus originaux des cinémas d'Afrique et du Maghreb ? Dans cet esprit on a pu voir en 1996 un film entièrement parlé en langue berbère, *Machaho* de Belkacem Hadjadj, qui devrait être suivi de près, en 1997, par un autre film présentant la même caractéristique, une adaptation de *La Colline oubliée* de Mouloud Mammmeri par le cinéaste algérien Abderrahmane Bougermouh. Il est évident que la tentative pour introduire les langues vernaculaires au cinéma est toujours intéressante, et qu'elle existe depuis longtemps, qu'il s'agisse du bambara dans *Finye (Le Vent)* de Souleymane Cissé ou du wolof dans *Ceddo* de Sembène Ousmane. Cependant, cette problématique n'est qu'une variante de la recherche identitaire et elle risque d'engager le cinéma dans des combats qui ne sont pas directement les siens. Au sein d'une production riche et bien diversifiée, cela constituerait un appoint intéressant. Malheureusement, la production reste faible, et la crise est incontestable.

2. Nouveaux documentaires

Face à cette situation, il est bon d'examiner quelques réalisations intéressantes, qui semblent avoir attiré l'attention d'un public non négligeable. Côté Maghreb, on verra ce qu'il en est de *Femmes d'Alger* de Kamel Dehane (1993) et, côté Afrique, ce sera *Afrique, je te plumerai* du Camerounais Jean-Marie Teno (1992). Ces deux films ne sont pas des fictions, le mieux serait sans doute de les appeler documentaires, ce qui veut dire qu'ils inventent assez librement leur formule.

Femmes d'Alger est un film de cinquante-cinq minutes, coproduit par Bruxelles et Alger. C'est un mélange de portraits, d'entretiens et d'évocations, dont certains sont du passé mais dont le plus grand nombre, et de loin, concernent la situation présente. Pour le passé, la référence est essentiellement le tableau de Delacroix intitulé *Femmes d'Alger dans leur appartement,* qu'on voit sur fond de musique andalouse, mais l'enchaînement se fait très vite avec une maison algéroise contemporaine, dans laquelle a lieu un mariage traditionnel. La succession des moments et des scènes est orchestrée par une présentatrice, l'écrivain et cinéaste Assia Djebar. Les principaux « personnages » de ce film qui encore une fois n'est pas de fiction sont quelques femmes bien réelles vivant à Alger en 1993, Madame Bouzar, une militante de la guerre de libération, une jeune journaliste, une femme en tchador mais non intégriste, une jeune mère et sa fillette de deux ou trois ans. Assia Djebar intervient çà et là, notamment pour des commentaires historiques. Pendant toute une partie du film, la trame est assurée par les images d'une grande manifestation de rue qui a eu lieu auparavant à Alger contre le code de la famille, et qui comportait beaucoup d'hommes aux côtés des femmes. Chacune des protagonistes est vue dans son décor familier, livrée à ses occupations, réfléchissant à mesure qu'elle parle. Au total et en moins d'une heure, on a l'impression d'être entré dans l'intimité de femmes qu'on n'aurait jamais eu la chance de connaître autrement. C'est un film qui est beaucoup vu en vidéocassette et dont pour cette raison on ne peut chiffrer l'impact. Mais il fait sûrement plus pour la cause qu'il soutient que bien des longs discours, palabres et colloques.

Afrique, je te plumerai est un mélange d'images contemporaines, de fiction, de documents et de reconstitutions diverses. Une fois de plus et comme dans les années qui ont suivi les indépendances, un réalisateur exprime par là sa conviction que toutes les formes d'art et d'expression sont bonnes si elles permettent de comprendre ce qu'il en est de l'Afrique et de son histoire, elle-même multiple. Et comme comprendre au moyen de l'art veut dire aussi se divertir, la représentation globale comporte à la fois satire, comédie, musique, moralité et didactisme. Bien que Teno ait dit à propos de ce film qu'il voulait montrer le lien entre un présent intolérable et la violence coloniale qui a précipité l'Afrique dans la décadence, le spectateur ne se sent pas soumis à une opération idéologique, qui consisterait à lui inculquer une thèse. S'il y a un fil conducteur, c'est plutôt la recherche d'un nouveau langage pour l'Afrique, à partir de toutes les formes d'expression qui sont employées, et comme substitut au système indigène d'écriture dont une scène du film affirme qu'il existait avant la colonisation ; c'était l'alphabet sho-mon, enseigné dans certaines écoles jusqu'en 1914.

3. L'ISLAM CONTRE LA CRISE

On peut penser que cette activité créatrice est née de la crise, qui oblige les réalisateurs à être inventifs. Une autre manière d'y faire face consiste à dire que, en dépit des difficultés, la production continue, justement parce qu'elle en fait sa thématique et son sujet. Quitte à affirmer de manière un peu unilatérale que la crise est dépassée, donc dépassable – et dans ce cas il ne s'agit pas de la crise du cinéma, mais de la crise des valeurs (notamment religieuses) sur lesquelles il est plus facile d'affirmer ce qu'on veut. Cette volonté d'en sortir s'énonce dès le titre du film réalisé par la Marocaine Farida Benlyazid, *Une porte sur le ciel* (1988) : une porte est une issue, évidemment.

L'intérêt de ce film est de ne pas s'en tenir pour le Maghreb à un système d'opposition simple, l'intégrisme d'une part, la modernité occidentale de l'autre. Loin de considérer que la voie de l'islamisme soit condamnée par l'intégrisme, le film au contraire la reprend à son compte et la développe dans une direction tout à fait différente, celle de la tolérance, de la sérénité, de l'équilibre au quotidien entre les valeurs du corps et celles de l'esprit. L'héroïne Nadia est une jeune femme marocaine qui vit en France mais revient à Fès pour la mort de son père. Elle a un ami français et donne l'impression d'être tout à fait occidentalisée, sans état d'âme. À cet égard, chacun dans la famille a fait le choix qui lui convenait et personne ne l'a contesté : la tolérance est de tradition.

Cependant, à l'enterrement de son père, Nadia a été bouleversée d'entendre une femme chanter longuement et admirablement des versets du Coran, d'autant plus que la chanteuse lui a dit ensuite ses certitudes, fondées sur la religion musulmane. À partir de là le film décrit avec intelligence, sans volonté démonstrative ni effets outranciers, le cheminement de Nadia. On la voit transformer la maison familiale en zaouïa, ce type d'établissement religieux propre à l'islam maghrébin, lieu d'accueil, de prière et de paix. Nadia y vit avec des femmes du peuple, pour lesquelles la tolérance et l'ouverture à l'autre n'est pas une attitude spontanée. En fait, le film représente le point de vue d'une grande bourgeoisie marocaine très ouverte à la modernité, mais qui trouve son équilibre et les fondements de son mode de vie dans la référence à un islam modéré. Cette « voie marocaine » est très différente du point de vue représenté par l'école tunisienne. Cependant, pour ne parler que de films, on pourrait dire de celui-ci ce qu'on a dit du dernier de Boughedir, *Un été à La Goulette*. Le plaidoyer pour la tolérance, islamique ou pas, fait partie de ces bons sentiments qui ne font pas nécessairement du bon cinéma.

Sans être mauvais, ces deux films-là sont trop près de leurs intentions pour apporter au spectateur les surprises et les effets d'imprévu dont il a besoin. D'ailleurs, alors même que l'épanouissement de Nadia était assez convaincant, la réalisatrice renonce à sa thèse et renvoie son héroïne à la recherche d'un bonheur personnel, hors de la communauté. Les intentions sont bonnes mais les convictions probablement moins fortes qu'il ne semblait. Nous sommes en présence de ce qu'on appelle parfois un « film de femme », ce qui veut dire, dans l'esprit de beaucoup de gens, que le narcissisme y joue un rôle important. Si cela est, le film ne représente pas une voie mais plutôt un cas singulier.

Quelle(s) serai(en)t donc la voie ou les voies que les nouveaux cinémas d'Afrique et du Maghreb pourraient envisager ? On ne peut à cet égard que s'appuyer sur quelques déclarations ou constats. Le premier est qu'il y a encore beaucoup à faire et à découvrir dans le cinéma colonial et dans l'utilisation des archives accumulées à cette époque. Le travail accompli par Vincent Monnikendam dans *Chronique coloniale, Mother Dao* pour l'Indonésie pourrait inspirer des recherches semblables pour l'Afrique. Il faut ensuite se livrer à quelques réflexions indispensables sur ce qu'il en est de la maghrébinité et de l'africanité en matière de cinéma. La question peut être envisagée de deux points de vue.

– Pour les Africains eux-mêmes, découvrir et montrer leurs spécificités reste une tâche primordiale. En 1995, le Malien Cheikh Oumar Sissoko écrit à ce sujet :

> Au-delà de ses rêves et de ses histoires intérieures, une mission s'impose à tout cinéaste africain : porter à l'écran, c'est-à-dire en quelque sorte officialiser les façons de vivre, d'aimer, de se déchirer, de souffrir, de prendre du plaisir, de lutter, qui sont celles des sociétés africaines et que l'état du monde a quasiment écartées de l'univers des images.

– Pour le reste du monde et notamment les Occidentaux, se priver de ce que les cinémas d'Afrique et du Maghreb pourraient apporter est une véritable amputation. Comme le dit le cinéaste marocain Moumen Smihi :

> La culture arabe (et ma « manière » marocaine de la pratiquer) est l'une des

composantes de la grande et multiple culture du monde. Si l'image arabe venait à faire défaut, à manquer, à disparaître, à être incapable de se constituer, c'est toute la culture des hommes qui se trouverait amputée. Nous n'avons eu que trop, dans l'histoire des hommes, d'amputations.

Le moment est venu où les cinéastes d'Afrique et du Maghreb se demandent à quel prix et de quelle manière ils peuvent conquérir une audience internationale. Il est très possible que la volonté d'être universels implique des sacrifices tout à fait inévitables. Le critique Michel Serceau dit par exemple, à propos de Souleymane Cissé et de son film *Yeelen :*

> S'il emprunte à des données culturelles et à des cosmogonies autochtones, Cissé ne met pas en scène un conte ou une cosmogonie africaine. Il l'a dit clairement. Et il a affirmé non moins clairement sa volonté d'être universel. Cette volonté n'a rien en soi de criticable. Mais, et même si l'africanité n'est pas ici un simple avant-texte ou un prétexte, la démarche tend à en abstraire les termes. Que l'on m'entende bien. Je ne mets nullement en question la beauté et la profondeur de l'œuvre de Cissé. Je me demande simplement si la recherche d'une forme universalisable, d'une dimension philosophique, n'a pas là aussi pour rançon la dépossession du spectateur africain.

Reste en dernière instance que les cinémas d'Afrique et du Maghreb ne peuvent espérer survivre et vivre que s'ils se conforment aux normes et aux lois du marché mondial. Ce qui fait dire à Idrissa Ouedraogo, à qui nous laisserons le dernier mot :

> Le cinéma c'est d'abord la technique et aujourd'hui la technique est universelle. La sensibilité, la créativité n'ont ni couleur ni race. Ayant compris cela, nous pouvons évoluer vers une meilleure qualité dans nos rapports avec les autres et devenir moins complexés. Pour exister, il nous faut tourner beaucoup. Il nous faut entrer dans une logique de production : Plaire... Le cinéma je ne l'oublie pas, c'est d'abord de l'argent !

QUELQUES REPÈRES HISTORIQUES

Nous avons renoncé à distinguer les domaines politique et culturel tant ils sont étroitement mêlés dans l'histoire contemporaine des États d'Afrique et du Maghreb.

1945 Léopold Sédar Senghor entre dans la vie politique du Sénégal en tant que député à l'Assemblée constituante. Il est réélu l'année suivante à l'Assemblée nationale.

1947 Création à Paris de la revue *Présence africaine* par Alioune Diop.

1950 Littérature algérienne : Mouloud Feraoun, *Le Fils du pauvre* (première édition à compte d'auteur).

1952 Émeutes de Casablanca contre l'autorité française au Maroc.
Littérature algérienne : Mouloud Mammeri, *La Colline oubliée.*

1953 Littérature africaine : Camara Laye, *L'Enfant noir* (Guinée).

1954 1er novembre : déclenchement de la guerre d'indépendance en Algérie.
Littérature marocaine : Driss Chraïbi, *Le Passé simple.*
Littérature africaine : Cheikh Anta Diop, *Nations nègres et cultures* (manifeste du « pannégrisme »).

1955 Avril : conférence afro-asiatique de Bandoeng (Indonésie) sur la libération des peuples coloniaux. Extrait de *Présence africaine* :
Toute colonisation est une guerre soutenue qui ne cesse qu'avec l'éviction de la formule coloniale. L'assimilation est une des formes de cette guerre, la plus nocive, puisqu'elle tend à la destruction systématique de l'initiative culturelle, sociale, économique et politique du peuple colonisé.

1956 2 mars : indépendance du Maroc.
20 mai : indépendance de la Tunisie.
Adoption d'une « loi-cadre pour les territoires d'outre-mer » qui accorde une autonomie interne aux territoires de l'Afrique occidentale française.
Littérature africaine : F. Oyono, *Une vie de boy* (Cameroun).
Littérature algérienne : Kateb Yacine, *Nedjma.*
Extrait de *Nedjma* exprimant un constat et une préoccupation caractéristiques de l'auteur algérien :

> *Ce sont des âmes d'ancêtres qui nous occupent, substituant leur drame éternisé à notre juvénile attente, à notre patience d'orphelins ligotés à leur ombre de plus en plus pâle, cette ombre impossible à boire ou à déraciner – l'ombre des pères, des juges, des guides que nous suivons à la trace, en dépit de notre chemin [...].*

1958 Juillet : congrès de Cotonou (Bénin), dont la résolution finale propose la négociation avec la France d'une Confédération multinationale des peuples libres et égaux, sans pour autant renoncer à la volonté africaine de fédérer en États unis d'Afrique toutes les anciennes colonies.

Août : discours du général de Gaulle à Brazzaville (Congo), comportant l'idée d'une *Communauté*, bientôt approuvée massivement.

Octobre : Sékou Touré proclame l'indépendance de la République de Guinée dont il devient le président.

1959 Formation d'une fédération regroupant le Sénégal et le Mali ; mais il y aura rupture entre les deux pays le 20 août 1960.

1960 Accès à la complète souveraineté des pays des anciennes Afrique occidentale et Afrique équatoriale françaises : Sénégal, Mali (ancien Soudan), Mauritanie, Niger, Haute-Volta (qui deviendra le Burkina Faso), Dahomey, Côte d'Ivoire, Tchad, République centrafricaine (ex-Oubangui-Chari), Congo, Gabon. Le Congo belge (qui deviendra le Zaïre) accède lui aussi à l'indépendance.

Littérature africaine : D.T. Niane, *Soundjata ou l'épopée mandingue* (Guinée). Sembène Ousmane, *Les Bouts de bois de Dieu* (Sénégal).

1961 26 février : mort du sultan du Maroc Muhammad V ; avènement de son fils Hassan II.

Au Congo-Kinshasa (Zaïre), de nombreux troubles font suite à la décolonisation. Patrice Lumumba, chef politique révolutionnaire, fonde un gouvernement qui dure à peine deux mois ; après quoi, il est arrêté et assassiné au Katanga. En 1966, le président Mobutu le proclamera héros national (lire à ce sujet Aimé Césaire : *Une Saison au Congo*, 1967).

Littérature africaine : Cheikh Hamidou Kane, *L'Aventure ambiguë*. Extrait :

L'Occident poursuit victorieusement son investissement du réel. Il n'y a aucune faille dans son avancée. Il n'est pas d'instant qui ne soit rempli de cette victoire [...]Je vois bien ce qui nous distingue d'eux. Notre premier mouvement n'est pas de vaincre comme ils font mais d'aimer. Nous avons aussi notre vigueur qui nous place au cœur intime de la chose. La connaissance que nous en avons est si intense que sa plénitude nous enivre. Nous avons alors une sensation de victoire. Mais où est cette victoire ? L'objet est intact, l'homme n'est pas plus fort.

1962 18 mars : signature des accords d'Évian et fin de la guerre d'Algérie.
5 juillet : indépendance de l'Algérie. Ben Bella impose peu à peu son autorité en Algérie et dirige le gouvernement.
Littérature : essai de Georges Balandier : *Afrique ambiguë.* Extrait (dernières lignes) :
La question reste ouverte : comment agir pour que la modernisation du monde noir ne se paie d'une infidélité monstrueuse ? C'est avec ses propres richesses qu'il remettra à neuf ses civilisations, qu'il constituera son apport à l'humanisme comme le montre le drapeau du Mali portant en son centre l'idéogramme de l'Homme.
Essai de René Dumont : *L'Afrique noire est mal partie.*

1963 Après son élection à la présidence de la République du Sénégal en 1960, L.S. Senghor est investi des pleins pouvoirs par la Constitution de 1963.
Mai : création de l'OUA ou Organisation de l'unité africaine.
15 septembre : Ben Bella est élu président de la République d'Algérie.

1965 Le colonel Jean Bédel Bokassa devient président de la République centrafricaine.
Novembre : putsch militaire du général Mobutu qui devient président du Zaïre.
19 juin : prise du pouvoir par Houari Boumediene, en Algérie.
Octobre *:* le leader du parti socialiste marocain, Mehdi Ben Barka, est enlevé et assassiné à Paris.

1966 Lancement de la revue *Souffles* par le Marocain Abdellatif Laâbi à Rabat (Maroc). Extrait du numéro 1 :
Quelque chose se prépare en Afrique et dans les autres pays du tiers-monde. L'exotisme et le folklore basculent. Personne ne peut prévoir ce que cette pensée ex-« prélogique » donnera au monde. Mais le jour où les vrais porte-parole de ces collectivités feront entendre réellement leurs voix, ce sera une dynamite explosée dans les arcanes pourris des vieux humanismes.
À Dakar (Sénégal), Premier Festival mondial des Arts nègres. L.S. Senghor dit à ce propos : « En aidant à la défense et illustration de l'art nègre, le Sénégal a conscience d'aider à la construction de l'Universel. »
En Tunisie, premières Journées cinématographiques de Carthage réunis-

sant des professionnels et des critiques d'Afrique mais aussi du monde entier.

1967 Formation de la République du Biafra, État éphémère, par sécession de la région sud-est du Nigeria. Mais l'OUA condamne la sécession au nom de l'intangibilité des frontières. Le Biafra va devenir une forteresse assiégée et capitule sans condition le 10 janvier 1970 (lire à ce sujet *Onitsha*, de Le Clézio,1991).

Du 5 au 11 juin : la guerre des Six-Jours consiste en une véritable déroute infligée par Israël à l'armée égyptienne. Cette défaite est sentie comme particulièrement humiliante par les vaincus pour plusieurs raisons : l'Égyptien Nasser passait jusqu'alors pour le champion des pays arabes, qui, massivement, se déclarent ses alliés dans cette guerre ; la paix revenue, l'État d'Israël ne restitue pas les territoires qu'il a occupés.

Littérature marocaine : parution d'un essai intitulé *L'Idéologie arabe contemporaine* de Abdallah Laroui.

1968 Au Mali, un comité militaire présidé par le colonel Moussa Traoré prend le pouvoir.

Au colloque de Hammamet (Tunisie), l'Algérien Mostefa Lacheraf prononce une condamnation sévère de la culture dominante au Maghreb : *Aujourd'hui, le folklore et l'exploitation abusive de l'héroïsme guerrier sont devenus les deux mamelles de certains pays du Maghreb et remplacent successivement et sur une plus grande échelle encore la sous-culture coloniale exotique et l'épopée légendaire et patriotarde par laquelle s'est prolongée chez nous la domination étrangère.*

1969 Littérature algérienne : Rachid Boudjedra, *La Répudiation*.

1970 La Côte d'Ivoire, qui vient d'élire Félix Houphouët-Boigny à la présidence pour la troisième fois, est devenue le troisième producteur mondial de café et de cacao, le cinquième de bananes et d'ananas.

Littérature africaine : Ahmadou Kourouma, *Les Soleils des indépendances* (Mali).

Extrait :

Mais alors, qu'apportèrent les Indépendances à Fama ? Rien que la carte d'identité nationale et celle du parti unique. Elles sont les morceaux du pauvre dans le partage et ont la sécheresse et la dureté de la chair du taureau. Il peut tirer dessus avec les canines d'un molosse affamé, rien à en tirer [...].

Création du FESPACO ou Festival panafricain du cinéma de Ouagadougou par un décret de la Présidence de la Haute-Volta. La FEPACI, ou Fédération panafricaine des cinéastes, créée à l'occasion des troisièmes Journées cinématographiques de Carthage en Tunisie, est acceptée comme membre observateur de l'OUA.

1972 La fédération camerounaise (Cameroun ex-français et Cameroun ex-britannique) devient la République unie du Cameroun sous la présidence d'Ahmadou Ahidjo.

1978 Littérature africaine : Awa Thiam, *La Parole aux négresses* (essai, Sénégal).

1979 Après la mort de Houari Boumediene, le colonel Chadli Ben Djedid est élu à la présidence de la République algérienne.
Littérature africaine : Mariama Bâ, *Une si longue lettre* (Sénégal).
Extrait :
Presque vingt ans d'indépendance ! À quand la première femme ministre associée aux décisions qui orientent le devenir de notre pays ? Et cependant le militantisme et la capacité des femmes, leur engagement désintéressé ne sont plus à démontrer. La femme a hissé plus d'un homme au pouvoir.

1980 Littérature algérienne : Assia Djebar, *Femmes d'Alger dans leur appartement.*

1981 1er janvier : L.S. Senghor se retire du pouvoir ; il est remplacé par Abdou Diouf, qui devient président de la République sénégalaise.
Littérature africaine : Diop Boris Boubacar, *Le Temps de Tamango* (roman), suivi de *Thiaroye, terre rouge* (théâtre, Sénégal). Sony Labou Tansi, *L'État honteux* (Congo).

1982 Novembre : Paul Biya succède à Ahmadou Ahidjo à la présidence du Cameroun.
Littérature algérienne : Rachid Mimouni, *Le Fleuve détourné.*
Littérature tunisienne : Hélé Béji, *Désenchantement national* (essai sur la décolonisation).

1984 Le colonel Diarra Traoré prend le pouvoir au Mali.

1985 Littérature algérienne : Assia Djebar, *L'Amour, la Fantasia.*
Littérature marocaine : Tahar Ben Jelloun, *L'Enfant de sable.*

1986 Ouverture à Paris du musée Dapper, par la fondation du même nom qui s'est créée en 1983 à Amsterdam, pour « aider à la connaissance et à la préservation du patrimoine artistique de l'Afrique noire précoloniale ». Le Musée, qui présente de nombreuses expositions, comporte également une bibliothèque et un fonds iconographique importants.

1987 En Tunisie, le président Habib Bourguiba, déposé, est remplacé par son Premier Ministre, le général Zine el Abidine Ben Ali.
Littérature marocaine : Tahar Ben Jelloun, *La Nuit sacrée* (prix Goncourt).
À Paris, l'Institut du monde arabe (IMA) s'ouvre au public « pour faire connaître et rayonner la culture et la civilisation arabes ». L'IMA propose un musée et des expositions, des rencontres et des débats, une bibliothèque, des spectacles divers, des films et notamment la Biennale des cinémas arabes.

1988 5-8 octobre : émeutes en Algérie, violemment réprimées par le gouvernement.

1989 Littérature algérienne : Rachid Mimouni, *L'Honneur de la tribu.*

1992 12 janvier : en Algérie, le FIS (Front islamique du salut) remporte le premier tour des élections législatives, mais le processus électoral est suspendu.
14 janvier : après la démission du président Chadli Ben Djedid, Mohammed Boudiaf est nommé président du Haut Comité d'État.
29 juin : M. Boudiaf est assassiné.

1993 26 mai : le journaliste et écrivain algérien Tahar Djaout est assassiné par les intégristes musulmans.

1995 12 février : Rachid Mimouni, qui a dû s'exiler d'Algérie à cause de la menace intégriste, meurt au Maroc à 49 ans.
14 juin : Sony Labou Tansi meurt du sida à Brazzaville (Congo).
16 novembre : le général Liamine Zeroual est élu président de l'État algérien.

1996 La France et le Sénégal fêtent les 90 ans de L.S. Senghor.
Le film documentaire du Français Raymond Depardon *Afriques : comment ça va avec la douleur ?* sensibilise le public français avec les difficultés que connaissent actuellement nombre de pays africains et avec les précautions à prendre pour les représenter au cinéma.
La collection d'art africain de l'artiste Arman attire un nombreux public et pourrait signifier l'intégration définitive de cet art dans le « musée imaginaire » (André Malraux) de l'Occident.

50 FILMS D'AFRIQUE ET DU MAGHREB

Afrique

Afrique, je te plumerai, Jean-Marie Teno, Cameroun, 1992.

Afrique-sur-Seine, Paulin Soumanou Vieyra et Mamadou Sarr, Sénégal, 1955.

Borom Sarret, Sembène Ousmane et Thierno Sow, Sénégal, 1963.

Camp de Thiaroye, Sembène Ousmane, Sénégal, 1988.

Ceddo, Sembène Ousmane, Sénégal, 1976.

Le Choix, Idrissa Ouedraogo, Burkina Faso, 1986.

Dunia, Pierre Yameogo, Burkina Faso, 1987.

Finzan, Cheikh Oumar Sissoko, Mali, 1989.

Guelwaar, Sembène Ousmane, Sénégal, 1992.

Hyènes, Djibril Diop-Mambéty, Sénégal, 1992.

Laafi, Pierre Yameogo, Burkina Faso, 1991.

Lettre paysanne, Safi Faye, Sénégal, 1975.

Lumière noire, Med Hondo, Mauritanie, 1995.

Le Mandat, Sembène Ousmane, Sénégal, 1968.

La Noire de..., Sembène Ousmane, Sénégal, 1966.

Samba Traoré, Idrissa Ouedraogo, Burkina Faso, 1992.

Sarraounia, Med Hondo, Mauritanie, 1986.

Soleil O, Med Hondo, Mauritanie, 1970.

Tilaï, Idrissa Ouedraogo, Burkina Faso, 1990.

Touki Bouki, Djibril Diop-Mambéty, Sénégal, 1973.

Visages de femmes, Désiré Écaré, Côte d'Ivoire, 1985.

Le Vent, Souleymane Cissé, Mali, 1982.

Wend Kuuni (le don de Dieu), Gaston J.M. Kaboré, Burkina Faso, 1982.

Yaaba, Idrissa Ouedraogo, Burkina Faso, 1989.

Yeelen, Souleymane Cissé, Mali, 1987.

Maghreb

L'Aube des damnés, Ahmed Rachedi et Mouloud Mammeri, Algérie, 1965.

Les Baliseurs du désert, Nacer Khemir, Tunisie, 1985.

Le Charbonnier, Mohamed Bouamari, Algérie, 1972.

Chronique des années de braise, Mohammed Lakhdar-Hamina, Algérie, 1975.

La Citadelle, Mohamed Chouikh, Algérie, 1988.

Un été à La Goulette, Férid Boughedir, Tunisie, 1996.

Femmes d'Alger, Kamel Dehane, Algérie, 1993.

La Guerre de libération, Farouk Beloufa et Yazid Khodja, Algérie, 1973.

Halfaouine, Férid Boughedir, Tunisie, 1990.

L'Homme de cendres, Nouri Bouzid, Tunisie, 1986.

Houria, Sid Ali Mazif, Algérie, 1987.

Les Mille et Une Mains, Souhel Ben Barka, Maroc, 1972.

Le Moulin, Ahmed Rachedi, Algérie, 1985.

Nah'la, Farouk Beloufa, Algérie, 1979.

La Nouba des femmes du mont Chenoua, Assia Djebar, Algérie, 1978.

Omar Gatlato, Merzak Allouache, Algérie, 1977.

L'Opium et le Bâton, Ahmed Rachedi, Algérie, 1969.

Une porte sur le ciel, Farida Benlyazid, Maroc, 1988

Les Sabots en or, Nouri Bouzid, Tunisie, 1988.

Les Seuils interdits, Ridha Behi, Tunisie, 1972.

Soleil des hyènes, Ridha Behi, Tunisie, 1976.

Traversées, Mahmoud Ben Mahmoud, Tunisie, 1982.

Le Vent du sud, Mohamed Slim Riad, Algérie, 1975.

Le Vent des Aurès, Mohammed Lakhdar-Hamina, Algérie, 1967.

Vent de sable, Mohammed Lakhdar-Hamina, Algérie, 1982.

BIBLIOGRAPHIE

Deux dictionnaires

Dictionnaire du cinéma africain, Association des trois mondes, éditions Karthala, 1991.

Dictionnaire des cinéastes maghrébins, éditions ATM (Association des trois mondes), 1996.

Une revue

CinémAction, fondée en 1978 par Guy Hennebelle, coéditée par les éditions Corlet et par Télérama, et notamment les numéros suivants :

« Cinémas du Maghreb » (avant-propos de Mostefa Lacheraf et Paul Balta), textes réunis par Mouny Berrah, Victor Bachy, Mohand Ben Salama et Férid Boughedir, n° 14, 1980.

« Cinémas noirs d'Afrique » (préface de Jean Rouch), textes réunis par Jacques Binet, Férid Boughedir et Victor Bachy, n° 26, 1981.

« Sembène Ousmane » (préface de Férid Boughedir), textes réunis par Daniel Serceau, n° 34, 1985.

« Les cinémas arabes » (préface de Tahar Ben jelloun et Férid Boughedir), textes réunis par Mouny Berrah, Jacques Lévy et Claude-Michel Cluny, n° 43, 1987.

Une collection

« Cinémédia », éditions OCIC, Bruxelles.

BACHY Victor, *La Haute-Volta et le cinéma. Le Cinéma en Côte d'Ivoire. Le Cinéma au Mali,* 1982.

GARDIES André et HAFFNER Pierre, *Regards sur le cinéma négro-africain,* 1987.

ILBO Ousmane, *Le Cinéma au Niger,* 1983.

VIEYRA Paulin Soumanou, *Le Cinéma au Sénégal,* 1983.

VIEYRA Paulin Soumanou, *Réflexions d'un cinéaste africain,* 1990.

Deux vidéocassettes de Férid Boughedir, éditées par la Médiathèque des trois mondes :

Caméra d'Afrique, vingt ans de cinéma en Afrique noire, 1983.

Caméra arabe, Maghreb et Proche-Orient depuis les années 1960 (1967-1987), 1987.

Quelques ouvrages

CLUNY Claude-Michel, *Dictionnaire des nouveaux cinémas arabes*, Paris, Sindbad, 1978.

HADJ-MOUSSA Ratiba, *Le Corps, l'Histoire, le Territoire. Les rapports de genre dans le cinéma algérien*, éditions Balzac/Publisud, 1994.

HAFFNER Pierre, *Essai sur les fondements du cinéma africain*, Dakar-Abidjan, NEA, 1978.

KHAYATI Khémaïs, *Topographie d'une image éclatée*, Paris, L'Harmattan, collection « Cinémas arabes », 1996.

MANCERON Gilles et REMAOUN Hassan, *D'une rive à l'autre. La guerre d'Algérie de la mémoire à l'histoire*, Paris, Syros, 1993.

Deux publications collectives

Point de vue des cinéastes :

L'Afrique et le centenaire du cinéma, FEPACI, Paris, Dakar, Présence Africaine, 1995.

Point de vue des critiques :

Nouveaux discours du cinéma africain, IRIS (revue de théorie de l'image et du son), université de l'Iowa, États-Unis, n° 18, printemps 1995.

N° de projet : 10039399 - (I) - 3 - (OSBN - 80) — Dépôt légal : avril 1997
Imprimé en France par Pollina, 85400 Luçon - n° 71896